ASTRO-CUISINE

Lorraine Boisvenue

ASTRO-CUISINE

ÉDITIONS DU CLUB QUÉBEC LOISIRS INC.
©Avec l'autorisation des ÉDITIONS LIBRE EXPRESSION
ISBN 2-89111-261-X

Préface

J'en suis sûre, la cuisine est aussi une façon de dire et d'être, un geste tout simple et ordinaire qui nous révèle aux autres et peut-être à nous-mêmes. Comme toutes nos activités d'ailleurs, elle est un reflet de notre personnalité. Moins évidente au premier abord parce que quotidienne et finalement intime, elle nous raconte au moins autant que l'allure, le vêtement, la démarche ou la parole.

Mais l'astrologie, me direz-vous? Elle me fascine depuis bien longtemps et j'ai remarqué que c'est souvent à table que les gens en parlent. Douze signes, douze façons d'être, de dire et de faire. Il faut sans doute parler de types et de tempéraments, de tendances, et surtout, de nuances et de différences. Oui, j'ai pris beaucoup de notes, posé beaucoup de questions; je suis entourée de gens très patients!

J'ai tenté de nous décrire dans nos activités quotidiennes, quand nous sortons, quand on nous reçoit et quand nous recevons, même quand nous faisons la cuisine de conquête. Je nous ai parlé de nos goûts et de nos préférences, de la cuisine que nous préparons le mieux, signe par signe. Si j'ai choisi de nous faire sourire au moins parfois un peu, c'est que je ne tenais pas du tout à nous faire la leçon. Il n'y a pas de bons et de mauvais signes; l'astrologie est un outil qui nous permet de mieux nous connaître, tout simplement.

À vous maintenant de me dire si les portraits que vous lirez vous rappellent un peu quelqu'un... Peut-être me raconterez-vous votre cuisine? Parce que je sais qu'on me le demandera souvent, je suis Bélier. J'ai beaucoup parlé de partage, de communication, d'apprivoisement. Si c'était d'abord ça, la cuisine...

La cuisine du

Bélier

excellente, robuste, généreuse

21 mars - 20 avril

Le Bélier

Vous êtes charmé, conquis, émerveillé. Il vous regarde droit dans les yeux, sa poignée de main est ferme, son sourire instantané. Ses traits sont nets, accusés, surtout les sourcils. Il bouge sans arrêt, parle avec ses mains. Si seulement vous arriviez à placer un mot!...

Vous venez probablement de faire la connaissance d'un Bélier. Je sais, il a bien mauvaise réputation. C'est le premier-né du zodiaque; égocentrique comme tous les enfants, il sait ce qu'il veut et il l'obtient toujours. Innocent, naïf, candide, il ne connaît ni la peur ni le mensonge. Il a bien mauvais caractère, me direz-vous. Souvent, oui. Il est impatient, impulsif, il brûle de partir à la conquête de tous ses univers et peut-être du vôtre.

Idéaliste, sentimental à l'extrême, il est prêt à vous reconnaître toutes les qualités. Ne le décevez pas, pas trop. Il ne tolère absolument pas la médiocrité, la mièvrerie, la malhonnêteté ou la bêtise. Avec lui, l'intelligence est toujours exigible.

Il veut plaire, a besoin de séduire pour le plaisir de conquérir. Avez-vous réussi à placer un mot? Il sait écouter si vous savez l'intéresser. Son énergie, son dynamisme vous essouffleront peut-être. Il veut tout faire, se sent capable de tout accomplir, souvent mieux que vous. Il est orgueilleux, sûr de lui et de ses talents et il vous bousculera parfois. Rarement capable de calcul ou de rancune, il vous dira toujours précisément ce qu'il pense et ce qu'il ressent. S'il vous affectionne, il ne vous dira pas que vous êtes l'amour de sa vie, à moins que vous ne sachiez le devenir. Il vous veut content. Sa mère s'extasiait toujours devant ses bouquets de pissenlits... Montrez-lui votre satisfaction.

Il travaille et se dépense sans compter, souvent jusqu'à l'épuisement. Il est alors sujet à des infections et à de fortes fièvres, mais généralement de courte durée. Il jouit d'une santé de fer, n'a pas le temps d'être malade. Il ne peut tolérer la douleur physique et déteste les visites chez le dentiste. Il dort souvent peu et mal; c'est un être nerveux et périodiquement allergique. La tête, les yeux, les oreilles, les sinus, les dents et les lobes du cerveau sont ses point faibles. Il fait parfois des chutes par suite d'imprudence ou de distraction et on dit qu'il se blesse à la tête au moins une fois dans sa vie.

Vous écoute-t-il toujours? S'il regarde ailleurs, c'est qu'il n'est déjà plus intéressé... Sachez qu'il croit aux rêves, aux miracles et aux contes de fées; il vous les offrirait. Rattrapez-le si vous osez.

Le Bélier et la cuisine dans sa vie quotidienne

Vous l'aurez deviné, le tempérament du Bélier le prédispose peu à la routine. Il a horreur de la monotonie.

Impulsif, exubérant, il se dépense à grands coups de collier. Il a toujours quelque chose à faire, un défi à relever. Et il est rarement sage.

Il n'a pas inventé les principes d'une saine alimentation même s'il les connaît tous fort bien. Trois repas par jour, l'équilibre, dites-vous ! Il en est incapable et il le sait.

On le verra rarement manger le matin, il n'a pas faim. Il faut qu'il ait faim ou vraiment envie de quelque chose pour succomber. Il se réveille mal et lentement; il dort mal. Devenu sage pour un temps, il avalera peut-être un jus de fruit. Ne vous attendez pas à ce qu'il vous prépare le petit déjeuner, pas à long terme. Laissez-le siroter son café tout doucement, vous ne le regretterez pas. Mieux encore, préparez-le-lui.

Pour tout dire, il oublie souvent de manger. Le Bélier a tendance à ne se nourrir qu'une fois par jour. Trop occupé qu'il est, il n'a pas le temps de manger et se contente d'avaler n'importe quoi. Il arrive affamé au repas du soir; il se préparera alors quelque chose d'appétissant, de rapide, ou il mangera au restaurant.

Il n'aime pas manger seul, ne tolérerait jamais qu'on lui lise un journal au nez à table ou ailleurs. Pour lui, le repas est un rituel de relaxation et de communication.

Il ouvre facilement sa maison aux autres et sa table est toujours généreuse. Il n'est pas un mangeur difficile. Il adore la viande dont il abuse parfois et préfère ses grillades saignantes. Il a un faible pour les pâtes et les pommes de terre. Il déteste cependant la cuisine fade, mais veut bien tout essayer au moins une fois. Sa seule sagesse, les crudités qu'il grignote tout au long du repas.

Il aime bien boire et bien manger, et les repas qui savent durer, probablement parce qu'il y brille facilement. L'alcool lui serait nocif et risquerait de le rendre querelleur. Il en abuse rarement, il a trop peur de manquer quelque chose ou de ne plus être en mesure d'intéresser son public. Il préfère ne pas avoir à se lever de table pour faire le service. Quelqu'un qui partage son quotidien mérite toute son attention, jusqu'à preuve du contraire.

Le Bélier et la cuisine dans sa vie sociale

Toujours prêt pour l'aventure, le Bélier rate rarement une occasion de sortir, surtout s'il vous sait d'agréable compagnie. Il aime partir à la découverte d'un quartier, d'une ville, pourquoi pas de l'univers!

Un bon restaurant chinois, dites-vous; il en suggérera au moins deux. Vous hésitez? Il partira à l'aventure avec vous, la cuisine sera peut-être affreuse, mais vous ne vous ennuierez pas.

Si un jour il vous emmène dans un restaurant vous disant que c'est celui qu'il préfère parce qu'on y mange comme dans sa cuisine et qu'on y flâne jusqu'aux petites heures, c'est qu'il vous aime beaucoup. Il ne fréquente d'ailleurs que les gens qu'il aime bien.

Il brille toujours dans les réunions sociales, mais les fuit parfois. Invitez-le, vous ne le regretterez probablement pas. Il s'intéresse facilement à tout et à tous. Il sait si bien charmer, séduire et conquérir! Ne vous inquiétez surtout pas si vos autres invités brillent moins que lui. Il saura faire parler votre ami le plus timide pendant des heures s'il le veut bien, charmer votre grand-mère, et raconter des histoires aux enfants.

Il déteste tout ce qui interrompt la communication; le bruit, la musique trop forte. Il préfère parler, surtout de lui-même, de ses projets, de ses amours. Pas très friand de commérages, il se portera toujours à la défense de ceux qu'il aime. S'il s'emporte et se met en colère, c'est qu'il défend un principe. Il s'en prend rarement aux individus. Attaqué, blessé, il se refroidit instantanément et sait encore être d'une politesse exquise. Évitez à tout prix de parler de maladie et de misérabilisme, il ne le tolère pas.

Il ne critiquera jamais votre cuisine, mangera toujours avec appétit. Vous êtes son ami, votre cuisine est forcément exquise. Il est venu pour vous, pour le plaisir de vous voir. Et il adore toutes ces complicités nouvelles autour de votre table...

Quand le Bélier reçoit

Le Bélier aime bien vivre et fait en sorte de pouvoir se le permettre. Il apprécie l'abondance, le confort et le plaisir. On décrit souvent son intérieur dans les livres d'astrologie; celui-ci serait moderne, contemporain, aéré et le Bélier y passerait peu de temps. Il sort beaucoup, il est vrai. Pourquoi cet être passionné, rêveur presque de profession, résisterait-il aux objets déclencheurs de ses rêves et de ses plaisirs? Les Bélier que je connais ne vivent jamais dans des intérieurs de manuels d'astrologie...

La cuisine du Bélier est, en général, bien équipée, fonctionnelle, efficace, au coeur de l'action. Elle n'est pas toujours en ordre... L'intérieur du Bélier est propre, ce qui se voit est présentable, mais il n'époussette pas les manches à balai.

Le Bélier aime les gens; il s'entoure d'une bande de copains, fait partie d'un clan où règne la loyauté la plus absolue. Il a toujours le temps de voir et de recevoir ses amis. Le garde-manger est bien garni, d'abord en fonction de ses besoins et de ses goûts. Il n'y a pas toujours de quoi préparer le petit déjeuner chez lui, sauf s'il vous adore.

Il préfère les «mijots», les plats consistants qui cuisent tout seuls. Ainsi il peut continuer à parler avec vous. Il reçoit bien, sa table est presque toujours trop généreuse, trop abondante.

Si vous êtes vraiment de ses intimes, vous le savez bien, sa porte est toujours ouverte. Il se débrouillera, vous recevra si vous arrivez à l'improviste, même si vous êtes plusieurs. Il travaille par bourrées et adore se faire interrompre, c'est ainsi qu'il se repose et qu'il se régénère. Une heure ou deux en votre compagnie et il est prêt à retourner à son travail jusqu'aux petites heures s'il le faut.

Il adore faire la fête, trouve toujours des raisons de la faire. Noël au mois de juillet pour les copains qui n'étaient pas là en décembre. La bonne humeur est de rigueur à sa table, mais il n'apprécie pas toujours qu'on lui vole la vedette à moins qu'on ne soit brillant ou amusant.

Il aura mis des heures et parfois des jours à préparer la fête quand il vous reçoit en groupe. Tout sera prêt à temps. Vous resterez à table longtemps, le Bélier n'interrompra pas la conversation pour servir le café au salon. Il y aura toujours abondance de gâteries et je parie que les crudités seront encore sur la table après le dessert. L'atmosphère ne sera surtout pas formelle; chez lui c'est la détente et la fête qui se prolonge.

Le Bélier et la cuisine de conquête

Bien sûr, vous avez été séduit, comment pourrait-il en être autrement puisqu'il est Bélier? Il n'a pourtant rien fait, ou si peu. Vous ne l'auriez pas cru, lui, le conquérant, le séducteur par excellence, ne tend jamais de pièges. C'est sa seule arme, ne la lui enlevez pas!

Il séduit comme d'autres respirent et il s'enflamme pour si peu de chose: la lumière d'un regard, des mains qui dansent, cette façon que vous avez de pencher la tête pour l'écouter... Vous ne vous saviez pas si fascinant? Devenez-le; c'est un conseil.

Il sait très bien qu'il vous a séduit, il ne vous poursuivra pas longtemps. Le Bélier prend ses plaisirs très au sérieux, résistez-lui à peine assez pour l'intéresser, mais sachez qu'une hésitation trop prolongée de votre part le refroidirait. Ne vous précipitez surtout pas; c'est lui le conquérant, pas vous.

Il préfère préparer ses atmosphères de conquête; le prendre par surprise, c'est risquer la défaite. Ce séducteur-né cherche l'amour, il rêve de vivre un grand amour comme dans les contes de fées. Il sait bien que ceux-ci s'arrêtent toujours au moment où les héros se marient et font plein d'enfants, c'est un détail. Il croit, lui, aux contes de fées sans fin, à l'amour rêve et magie qui se vivrait hors du plat quotidien. Et si c'était vous...

Il vous recevra bien, saura vous mettre à l'aise. Il est distrait? Vous l'enchantez! Il ne fera pas de prouesses culinaires, il ne rêve pas de devenir votre cuisinier attitré. Il veut vous plaire, connaît probablement déjà vos préférences et vous servira une cuisine toute simple, délicieuse, soutenante. Vous aurez l'impression de pique-niquer.

Vous êtes là, c'est tout ce qui lui importe; vous séduire, vous apprendre. Il se racontera beaucoup et tentera de percer vos mystères. Ne vous livrez surtout pas trop, il se méfierait. Les princes, les princesses, les fées et les mages se préoccupent peu de chronologie et de notes biographiques! Il vous épuisera sans doute et vous dormirez bien peu. C'est un être sans cesse capable d'ardeurs juvéniles et de folles passions. L'émerveillement, vous connaissez?

Vous êtes déjà amoureux de ce Bélier? Attention, il ne s'engage pas à la légère, il n'a rien promis... Mais avec un Bélier, il est toujours permis de croire aux miracles, c'est même souhaitable.

Les plantes et les végétaux du Bélier

Ail, aloès, basilic, bergamote, bruyère, cannelle, citronnelle, chicorée, chardon, coriandre, gingembre, gui, houblon, houx, laurier, menthe, moutarde, oignon, persil, piment, pivoine, poivre, primevère, rhubarbe, romarin, thym.

Sa plante-talisman est le romarin. Excellent pour le foie et les bains de détente, il soulagerait aussi les maux de tête.

Le Bélier a besoin de fer pour résister au stress et à la fatigue. Sont riches en fer : le chou, l'ail, l'oignon, les carottes, les céréales, les épinards, le pissenlit, les oeufs, le poisson, la volaille, le germe de blé et le foie de boeuf.

Le Bélier a aussi besoin de potassium pour le tonus musculaire et peut-être pour mieux dormir. Sont riches en potassium : les abricots, les bananes, les dattes, les figues, les raisins secs, les graines de tournesol, le blé, le riz, les pommes de terre, les fruits de mer, les olives, les céréales, les tomates, le céleri et les champignons.

Il a tendance à abuser des viandes rouges, il le sait. Il ne mange pas toujours régulièrement, il le sait aussi.

Parfois nerveux, il devrait alors suivre un régime rafraîchissant; concombres, asperges, melon, tomates, fromage blanc. Il devrait surtout boire beaucoup d'eau.

Le Bélier supporte mal les grandes chaleurs qui le rendent fragile; peut-être devrait-il apprendre à mesurer ses dépenses d'énergie...

Les recettes du
Bélier

La soupe aux pommes
Les fleurs de zucchini frites
Les lenguine à la muscade et au poivre
Les pommes de terre à l'ail
La truite aux raisins verts
Les filets de sole au gingembre frais
Les côtelettes d'agneau grillées
Les paupiettes de boeuf à la purée de cresson
Le canard aux dattes et aux noix de cajous
La salade grecque
Les roulés au brandy
Le gâteau à la cannelle

La soupe aux pommes

1 c. à soupe (15 ml) de beurre
1 gros oignon, haché
4 tasses (1 l) de bouillon de poulet
3 pommes vertes, pelées, trognons enlevés, et hachées
¾ c. à thé (4 ml) de cari
le jus d'un citron

3 c. à soupe (50 ml) de beurre
¼ tasse (50 ml) de farine
½ tasse (125 ml) de crème à fouetter

Faire fondre 1 c. à soupe (15 ml) de beurre dans une grande marmite. Ajouter l'oignon et le faire sauter jusqu'à ce qu'il ramollisse sans brunir. Ajouter le bouillon, les pommes, le cari et le jus de citron et porter à ébullition. Réduire la chaleur et laisser mijoter 10 minutes.

Faire fondre le reste du beurre dans une autre marmite, ajouter la farine et cuire 2 minutes, en remuant sans arrêt. Verser graduellement la soupe sur la farine et le beurre et incorporer; cuire jusqu'au point d'ébullition et retirer du feu.

Passer la soupe au tamis en la versant dans la première marmite; presser l'oignon et les pommes avec le dos de la cuiller pour en extraire le liquide. Ajouter la crème et réchauffer un peu. Ajuster les assaisonnements. Servir dans des bols chauds.

(6 à 8 portions)

Les fleurs de zucchini frites

Vous n'avez jamais mangé de fleurs? Elles sont pourtant exquises. Si vous n'arrivez pas à la trouver, vous pourrez toujours utiliser des feuilles d'épinard. Demandez à un jardinier de vous apprendre à reconnaître les fleurs mâles des fleurs femelles; les jardiniers ont tant de choses à nous apprendre...

Pâte
¾ tasse (175 ml) de farine
2 c. à soupe (25 ml) de farine de maïs
¼ c. à thé (1 ml) de sel
4 c. à thé (20 ml) d'huile d'olive
1 jaune d'oeuf
1 pincée de muscade râpée
3 c. à soupe (50 ml) de vin blanc sec
¾ tasse (175 ml) d'eau
huile pour la friture
1 blanc d'oeuf
16 fleurs mâles de zucchini, ou 16 petites feuilles d'épinard
sel

Tamiser la farine et le sel dans un bol. Ajouter l'huile d'olive, puis le jaune d'oeuf, la muscade, le vin blanc et l'eau en mélangeant bien après chaque addition. Couvrir et laisser reposer 2 heures à la température de la pièce. Ne pas réfrigérer.

Chauffer l'huile de friture à 375° F (190° C).

Battre le blanc d'oeuf en neige et l'incorporer à la pâte. Saucer les fleurs ou les feuilles lavées, égouttées et asséchées une à une dans la pâte et frire en grande friture jusqu'à ce qu'elles soient bien dorées. Égoutter sur du papier absorbant, saler et servir.

(4 portions)

Les lenguine à la muscade et au poivre

1 lb (500 g) de lenguine, fraîchement cuites et égouttées
½ tasse (125 ml) de beurre, à la température de la pièce
muscade râpée
poivre, frais moulu
fromage parmesan, frais râpé, si possible

Beurrer les lenguine chaudes et saupoudrer, au goût, de poivre, de muscade et de fromage parmesan.

Vous m'en reparlerez !

(4 portions)

Les pommes de terre à l'ail

4 pommes de terre moyennes, cuites, refroidies et tranchées
  finement
1 c. à thé (5 ml) de sel
½ c. à thé (2 ml) de poivre, frais moulu
1 ½ tasse (375 ml) de fromage cheddar, râpé
⅔ tasse (165 ml) de crème à fouetter
6 gousses d'ail, écrasées et émincées
beurre

Préchauffer le four à 250° F (190° C).

Beurrer légèrement une casserole peu profonde et y déposer les pommes de terre. Ajouter ⅓ du fromage, puis la moitié de la crème; répéter. Ajouter le reste du fromage et l'ail. Cuire au four, à découvert, à peu près 40 minutes.

(6 portions)

La truite aux raisins verts

30 raisins verts sans pépins
vin blanc sec
6 truites, fraîches de préférence
le jus d'un citron
½ tasse (125 ml) de beurre
quartiers de citron

Déposer les raisins dans une marmite de grosseur moyenne et ajouter assez de vin blanc pour couvrir. Cuire à feu très doux, 10 minutes, sans faire bouillir. Égoutter les raisins et réserver.

Préchauffer le four à 500° F (260° C). Envelopper les truites individuellement et hermétiquement dans du papier aluminium et déposer sur une tôle à biscuits; cuire au four, 8 à 10 minutes.

Verser le jus de citron dans un poêlon et le faire chauffer; ajouter le beurre et le faire fondre en remuant sans arrêt. Ajouter les raisins et réchauffer.

Retirer le papier aluminium et dresser les truites sur un plat de service. Verser la sauce au beurre et les raisins; garnir de quartiers de citron.

(6 portions)

Les filets de sole au gingembre frais

1 lb (500 g) de filet de sole congelé
beurre fondu
gros sel
poivre blanc, frais moulu

Sauce au gingembre
¾ tasse (175) d'eau
¼ tasse (50 ml) de gingembre frais, pelé et haché menu
⅓ tasse (75 ml) de sucre
1 tasse (250 ml) de vin blanc sec
3 c. à soupe (75 ml) de beurre, coupé en dés moyens
2 c. à thé (10 ml) de jus de citron
gros sel et poivre blanc, frais moulu
6 sections d'orange, pelées et épépinées
bouquet de persil

Couper le poisson congelé en quatre. Enduire légèrement de beurre fondu deux petits plats à gratiner; saler et poivrer les fonds. Disposer le poisson au centre de chaque plat et l'enduire de beurre fondu. Saler et poivrer le poisson. Couper deux petits morceaux de papier ciré et les déposer sur les filets; laisser décongeler à la température de la pièce.

Pendant ce temps, verser l'eau, le gingembre et le sucre dans une grande casserole et cuire à feu moyen pour faire fondre le sucre; couvrir ensuite et cuire environ 30 minutes. Découvrir et cuire à feu vif pour réduire le liquide de moitié. Ajouter le vin blanc, réduire encore le liquide de moitié en cuisant à feu vif, puis retirer du feu.

Préchauffer le four à 450° F (240° C).

Ajouter le beurre coupé en dés, un morceau à la fois, et bien l'incorporer à la sauce. Ajouter le jus de citron, saler et poivrer, puis réchauffer la sauce à feu très doux.

Cuire le poisson au four, 5 minutes, sans retirer le papier ciré. Le retirer, bien sûr, avant de napper avec la sauce. Garnir de sections d'orange et de persil frais.

(2 portions)

Les côtelettes d'agneau grillées

4 côtelettes d'agneau épaisses
2 tasses (500 ml) de champignons, finement tranchés
1 tasse (250 ml) d'oignons, finement tranchés
1 tasse (250 ml) de poivrons verts, finement tranchés
2 c. à soupe (25 ml) de menthe fraîche, émincée
6 c. à soupe (90 ml) de beurre
4 petites tomates, pelées
sel et poivre

1 c. à soupe (15 ml) de menthe fraîche, émincée
1 c. à thé (5 ml) de sel
1 c. à thé (5 ml) d'ail émincé
½ c. à thé (2 ml) de poivre, frais moulu

Préchauffer le gril.

Faire fondre le beurre dans un grand poêlon; ajouter les champignons, les oignons, les poivrons verts et la menthe. Cuire à feu moyen, en remuant, 3 minutes. Ajouter les tomates, cuire 3 minutes. Couvrir et réduire la chaleur.

Dans un bol, mélanger la menthe, le sel, l'ail et le poivre. Disposer les côtelettes d'agneau sur une grille et les saupoudrer de la moitié du mélange à la menthe. Cuire à 4 po. (10 cm) du gril, 3 minutes; retourner les côtelettes, les saupoudrer du reste du mélange et cuire, 3 minutes.

Présenter les côtelettes sur un plat de service chaud, une tomate entre chaque côtelette et déposer la préparation aux champignons sur les côtelettes.

(4 portions)

Les paupiettes de boeuf à la purée de cresson

Beurre assaisonné
3 c. à soupe (50 ml) de beurre, à la température de la pièce
1 échalote moyenne, émincée
1 petite gousse d'ail, émincée
½ c. à thé (2 ml) de moutarde de Dijon
¼ c. à thé (1 ml) d'origan séché, écrasé
¼ c. à thé (1 ml) de sel
¼ c. à thé (1 ml) de poivre, frais moulu

Purée de cresson
1 botte de cresson, lavé, asséché et débarrassé de ses tiges;
   réserver 4 tiges pour la présentation
¼ tasse (50 ml) de crème à fouetter
1 c. à thé (5 ml) de moutarde de Dijon
½ c. à thé (2 ml) de sel
¼ c. à thé (1 ml) de poivre, frais moulu

1 lb (500 g) de filet de boeuf, coupé en 4 tranches et finement
   aplaties
sel et poivre, frais moulu
2 c. à soupe (25 ml) de beurre
2 c. à soupe (25 ml) d'huile d'olive
¼ tasse (50 ml) de cognac
½ tasse (125 ml) de vin rouge sec

Pour préparer le beurre assaisonné, mélanger le beurre, l'échalote, l'ail, la moutarde, l'origan, le sel et le poivre; déposer dans 4 petits moules. Couvrir et congeler jusqu'à ce que le beurre soit très ferme.

Pour préparer la purée, cuire le cresson, 6 minutes, dans une eau salée; passer à l'eau froide et égoutter soigneusement. Passer au mélangeur avec la crème, la moutarde, le sel et le poivre.

Saler et poivrer le boeuf, diviser la purée en 4 portions et l'étendre sur les tranches de boeuf en laissant une marge de ½ pouce (1 cm). Enrouler chaque tranche sur elle-même et ficeler.

Démouler le beurre au moins 30 minutes avant de servir et réfrigérer.

Faire chauffer l'huile et le beurre dans un poêlon épais, à feu moyen. Ajouter les paupiettes et les saisir rapidement; les retirer et les déposer sur un plat de service chaud, après avoir retiré les ficelles.

Retirer le gras du poêlon, puis verser le cognac et le vin et déglacer. Verser sur les paupiettes et déposer sur chacune une portion de beurre et une branche de cresson.

(2 à 4 portions)

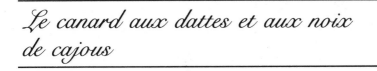

Le canard aux dattes et aux noix de cajous

1 canard moyen
½ tasse (125 ml) de noix de cajous, en moitiés
sel et poivre, frais moulu
½ c. à thé (2 ml) de poudre de cari

Le bouillon
3 tasses (750 ml) d'eau
les abats, hachés grossièrement
1 petit oignon
2 branches de persil
1 branche de thym
½ c. à thé (2 ml) d'estragon

Pour la sauce
10 dattes, dénoyautées et hachées grossièrement
¼ tasse (50 ml) de porto
branches de cresson

Chauffer le four à 425° F (220° C).

Griller les noix de cajous sur une tôle à biscuits dans le four préchauffé, 5 minutes.

Nettoyer le canard et le dégraisser soigneusement. Piquer la peau avec une fourchette, saler et poivrer, saupoudrer de poudre de cari. Cuire au four, à découvert, dans une lèchefrite munie d'une grille, à 425° F (220° C), 30 minutes; puis réduire la chaleur à 325° F (160° C) et cuire 45 minutes. Retirer du four, couper en deux le canard tiédi et le déposer dans une casserole moyenne. Retourner au four, 20 minutes.

Dans une marmite, porter à ébullition l'eau, les abats, l'oignon, le persil, le thym, l'estragon et le sel; couvrir et mijoter, 45 minutes. Passer le bouillon dans un bol.

Réduire la moitié des dattes en purée, au mélangeur, avec ⅓ du bouillon.

Vider le gras de cuisson; en réserver 2 c. à soupe (25 ml) et y ajouter la purée, les dattes et le porto. Déglacer et cuire 4 minutes.

Servir le canard garni de noix de cajous et de branches de cresson; présenter la sauce en saucière.

(2 portions)

La salade grecque

---

2 petites laitues pommées, lavées, séchées et déchirées
  (le Bélier sait qu'on ne coupe jamais la laitue)
3 tomates, tranchées
1 poivron vert, tranché
1 oignon moyen, tranché, les tranches séparées en rondelles
sel et poivre, frais moulu
origan
6 c. à soupe (90 ml) d'huile d'olive
3 c. à soupe (50 ml) de vinaigre de vin rouge
12 onces (625 g) de fromage feta, rincé et tranché
12 peroncini (petits poivrons verts marinés)
20 olives grecques
12 anchois

Déposer la laitue, les tomates, le poivron vert et l'oignon dans un grand bol; verser l'huile et le vinaigre, ajouter la moitié du fromage et mélanger soigneusement.

Servir dans des assiettes, garnir de peroncini, d'olives, d'anchois et du reste du fromage.

(6 à 8 portions)

Les roulés au brandy

¾ tasse (175 ml) de beurre fondu
1 tasse (250 ml) de cassonade
½ tasse (125 ml) de mélasse
3 c. à soupe (50 ml) de brandy
1 ½ tasse (375 ml) de farine
2 c. à thé (10 ml) combles de gingembre
1 c. à thé (5 ml) comble de muscade
½ c. à thé comble de cannelle
¼ c. à thé (1 ml) de sel

Chauffer le four à 325° F (160° C).

Mélanger le beurre fondu, la cassonade, la mélasse et le brandy. Tamiser ensemble la farine, le gingembre, la muscade, la cannelle et le sel; incorporer au premier mélange.

Déposer, une cuillerée à la fois, sur une tôle à biscuits légèrement graissée. Bien espacer les biscuits, les cuire pas plus de 6 à la fois, sur une grande tôle, 8 à 9 minutes. Laisser refroidir 1 minute sur la tôle et les rouler immédiatement sur un manche de cuiller de bois. Si les biscuits durcissent avant d'être roulés, les retourner au four 1 minute, puis les rouler.

Refroidir complètement et conserver dans un contenant hermétiquement fermé. À peu près 3 douzaines de biscuits.

Se conservent longtemps.

Le gâteau à la cannelle

2 ¼ tasse (550 ml) de farine
1 tasse (250 ml) de cassonade
¾ tasse (175 ml) de sucre
¾ tasse (175 ml) d'huile végétale
2 ½ c. à thé (12 ml) de cannelle
1 ½ c. à thé (7 ml) de gingembre
½ c. à thé (2 ml) de sel
¾ tasse (175 ml) de noix de Grenoble, hachées.
½ c. à thé (2 ml) de cannelle
1 tasse (250 ml) de lait de beurre
1 oeuf, légèrement battu
1 c. à thé (5 ml) de poudre à pâte
1 c. à thé (5 ml) de soda à pâte

Chauffer le four à 350° F (175° C).

Graisser et enfariner un grand moule rectangulaire.

Mélanger la farine, le sucre, la cassonade, l'huile, 2 ½ c. à thé (12 ml) de cannelle, le gingembre et le sel dans un grand bol. Déposer ½ tasse (125 ml) de ce mélange dans un petit bol; y ajouter les noix et ½ c. à thé (2 ml) de cannelle. Ajouter au premier mélange le lait de beurre, l'oeuf, la poudre à pâte et le soda à pâte et bien incorporer. Verser dans le moule à gâteau préparé et saupoudrer du mélange aux noix. Cuire à peu près 35 minutes, à 350° F (175° C).

Servir tiède ou laisser refroidir complètement.

(12 à 16 portions)

La cuisine du

Taureau

réconfortante, chaleureuse, abondante

21 avril - 20 mai

Le Taureau

Il parle rarement trop au premier abord, mais quelle voix ! Il est calme, chaleureux, avec une certaine réserve. Le regard est doux, rieur et tendre, la démarche lente et assurée. Et cette bouche charnue, si sensuelle !

Vous aurez peut-être un mouvement de recul en apprenant qu'il est Taureau. Quel entêté ! me direz-vous. Et il est capable d'épouvantables colères ! C'est vrai, le Taureau est entêté et il supporte d'ailleurs fort mal qu'on le lui dise. Ce que vous percevez comme de l'entêtement n'en est pas pour lui.

Le Taureau ne se précipite jamais, il réfléchit toujours avant d'agir. Une fois sa décision arrêtée, vous ne le ferez plus changer d'idée. Sachez-le, vous ne l'entraînerez pas là où il ne veut pas aller et ne lui ferez pas faire autre chose que ce qu'il a décidé lui-même.

D'une incroyable patience, cet être, qui sait toujours attendre son heure, ne s'épuise pas dans de vaines colères; mais quand vient la goutte qui fait déborder, c'est l'explosion. À vous donc d'apprendre à ne pas le provoquer inutilement ou à répétition. Si vous rêvez d'être matador, c'est autre chose; dupez-le ou tentez de l'entraîner dans un conflit, c'est la meilleure recette.

Ambitieux, travailleur, persévérant, tenace, c'est un bâtisseur. Et il conduit toujours à bonne fin ce qu'il entreprend; il ne sait pas lâcher. En affaires comme dans sa vie privée, le Taureau a besoin de stabilité, de sécurité et de permanence. Capable de sentiments profonds, intenses et durables, il ne s'engage jamais à la légère.

Très sensuel, le Taureau a tendance à abuser des plaisirs de la table; il a toujours beaucoup d'appétit. Il déteste les sacrifices et prend souvent du poids à partir de la quarantaine. C'est à trop travailler qu'il s'épuise lentement, mais il reprendra ses forces tout aussi lentement.

Ses points faibles sont le cou, la gorge, les cordes vocales, les oreilles, le nez, la glande thyroïde, le sommet des poumons et la partie supérieure des bronches.

Rassurez-vous, quand il le veut bien, il sait profiter de tous les plaisirs de la vie, parfois même trop.

Le Taureau et la cuisine dans sa vie quotidienne

Oui, il est casanier. Le Taureau est bien chez lui. Il aime sa maison, son décor, ses meubles. C'est un être d'habitudes et de rythmes quotidiens. Il sait s'entourer de beaux objets, choisis avec soin. Il aime la peinture, les beaux livres, la belle musique. Son intérieur est lumineux et ses plantes vertes toujours splendides.

Ambitieux et très travailleur, le Taureau se couche en général assez tard. Si vous êtes de ses intimes, vous n'ignorez pas qu'il aime souvent parler jusqu'à tard dans la nuit. Il dort bien, se lève tôt et il traîne le matin. Vous le savez bien, il ne se précipite jamais. Il s'étire, apprécie la lumière du matin, même s'il fait un temps affreux, réfléchit à ce qu'il a fait la veille et à ce qu'il se prépare à entreprendre. Puis il mangera copieusement.

Bien sûr, il est gourmand. Vous avez remarqué comme il déteste porter des vêtements trop étroits. Il mange beaucoup! Il mange même avant d'aller dormir. Ne tentez surtout pas de le mettre à la diète ou de changer ses habitudes alimentaires; il est si gentil quand on ne le brusque pas!

Vous avez vu sa table? C'est un meuble important, solide, bien placé; il y mange et y boit, y travaille, y fonde amour et amitiés. C'est là qu'il bâtit son empire.

Le Taureau n'avale pas n'importe quoi, n'importe quand. Pour lui, le repas est un rituel sécurisant et il préfère manger à des heures fixes. Sa table est toujours mise avec soin; il aime les nappes, la belle vaisselle, la coutellerie traditionnelle.

Le Taureau adore le boeuf à toutes les sauces; il aime les plats longuement cuisinés, la bonne cuisine réchauffante et riche que lui servait sa mère et il est très sensible aux odeurs de cuisson. Il a souvent un faible pour les pétoncles et les pâtes gratinées.

Ses talents de cuisinier sont d'ailleurs légendaires; avec lui il faut avoir de l'appétit. Il ne lésine jamais sur la qualité et la fraîcheur de la nourriture. Il tient à bien manger et il choisira toujours les plus belles coupes de viande, les fromages les plus onctueux, les plus beaux fruits, les plus beaux légumes. Il apprécie le bon vin et les bons alcools dont il abuse facilement d'ailleurs.

C'est dans sa vie privée et quotidienne que le Taureau est au mieux. C'est ici qu'il a ses racines. Il a tout mis en oeuvre pour qu'on y vive bien dans le calme, le confort et la chaleur.

Le Taureau et la cuisine dans sa vie sociale

Vous me direz qu'il n'est pas sortable. Mais non! Le Taureau n'est pas mondain; il déteste les superficialités de la vie mondaine et fait en sorte de ne pas avoir à les subir. Vous aurez beau insister, supplier, il ne bougera pas. Pas souvent!

Le Taureau n'apprécie pas beaucoup les improvisations; il préfère se préparer à ses distractions. Il veut bien manger au restaurant, essayer des cuisines étrangères; il se renseignera d'abord et vous emmènera dans un restaurant où il sait déjà qu'on y mange bien. Il tient à bien manger.

Celui-là ne risque pas de se présenter chez vous à l'improviste. Sa réserve, d'ailleurs de bon aloi, l'en empêcherait. Et il travaille tant! Il faut toujours l'inviter à l'avance et souvent à répétition.

Pourtant très doué pour la communication, le Taureau ne fréquente pas n'importe qui. Il n'accorde jamais son amitié au premier abord. Se sachant capable de sentiments profonds et durables, il attend, il choisit.

Le Taureau est un invité charmant, agréable et civilisé. Il aime les contacts humains, il est cordial, affable; c'est la superficialité qui le dépayse. S'il accepte de venir chez vous c'est qu'il vous connaît déjà assez bien; il vous a probablement reçu au moins quelques fois. Ne l'installez surtout pas à côté de votre copine écervelée, il ne dira pas un mot. Et ce serait dommage de vous priver de son sens de l'humour!

Le Taureau appréciera votre cuisine et vous le dira tout au long du repas, surtout si vos portions sont généreuses et votre table agréable. Sachez que le bon vin ne l'endort pas, bien au contraire. Il aime parler, discuter, échanger, aller au fond des choses. S'il vous dit qu'on est bien chez vous, qu'on s'y sent à l'aise, confortable et chez soi, c'est qu'il vous a adopté, il reviendra.

Il trouve plaisir aux réunions qui se prolongent tard dans la nuit. Le bon vin et l'alcool aidant, il parle alors facilement d'amour, de bonheur, d'amitié et de permanence. Il sait inspirer confiance, questionne sans en avoir l'air et provoque toujours les confidences de ses amis.

Vous ne lui en voudrez pas d'être couche-tard, je parie que vous n'aurez pas vu le temps passer...

Quand le Taureau reçoit

Casanier, maître de son royaume, le Taureau aime recevoir et il reçoit bien. S'il ouvre assez facilement sa porte, il n'apprécie pas toujours les visites à l'improviste.

Il consacre beaucoup de temps à son travail; il mettra aussi du temps et des efforts à vous bien recevoir. Il n'aime pas faire les choses à moitié. Surtout, il déteste se compliquer la vie et sait ne pas compliquer celle des autres.

Vous ne serez probablement pas nombreux; il préfère les petits comités. Son intérieur est chaleureux et respire la joie de vivre, lui aussi. Quel confort! Ici, vous ne risquez pas de vous égratigner sur les fauteuils... Il a eu le temps de se préparer à vous recevoir; il sera disponible, gai, insouciant. Il aura pensé à tout; pas de course de dernière minute, de la très belle musique en sourdine, un éclairage judicieux, le calme, l'aise et le temps de vous recevoir.

Tout est prêt: la table mise avec soin, les fruits, le fromage et les desserts déjà visibles. Vous prendrez longtemps l'apéritif et préparez-vous à avoir faim! Si vous le connaissez bien, vous aurez pris soin de ne pas manger de la journée.

C'est à sa propre table que le Taureau excelle, est parfaitement à l'aise et détendu. On est si bien en sa compagnie. Et quel cuisinier! Laissez-vous faire, vous n'avez plus le choix. Vous en reprendrez presque sans vous en rendre compte et vous mangerez longtemps. Il a le vin généreux, ne l'oubliez pas. Et puisqu'il a décidé de prendre le temps de faire la fête, prenez-le aussi. Vous ne regretterez rien. Il vous servira une cuisine finalement toute simple et jamais prétentieuse, mais toujours assaisonnée et présentée parfaitement; et probablement au moins un plat en sauce. Il n'affectionne pas particulièrement les desserts, mais vous en préparera d'exquis.

Vous prendrez peut-être le café et les alcools au salon, histoire de vous dégourdir un peu les jambes. Vous n'étiez pas venu lui parler de régimes, de calories ou de gymnastique au moins! Vous perdriez votre temps.

Le bon vin et les alcools le rendent loquace, il aura peut-être même tendance à vous interrompre. Ne lui en voulez pas trop. Encouragez-le à se raconter un peu, lui qui sait si bien questionner les autres. Vous le saviez, le Taureau sait être un ami fidèle et constant. Il est d'une intégrité, ma foi, naturelle et ne s'en vante d'ailleurs jamais. Et il sait si bien vous exprimer combien votre amitié lui est précieuse.

C'est presque le petit matin et vous vous préparez à partir. Il vous proposera de prendre une bouchée, il mange toujours avant d'aller dormir. Pas vous?

Le Taureau et la cuisine de conquête

Vous le savez bien, le Taureau conduit toujours à bonne fin ce qu'il entreprend. Une fois décidé à faire votre conquête, rien ne l'arrêtera. Tenez-vous-le pour dit.

Capable d'aventures et d'ardeurs passagères, le Taureau préfère les engagements à long terme. Celui-là ne rêve pas de contes de fées ni de châteaux en Espagne, il prend plaisir à vivre son quotidien. Rarement fait pour vivre seul, le Taureau a besoin d'aimer. Et il part très sérieusement à la conquête de l'amour.

Vous serez moins exposé à succomber irrévocablement à ses envoûtements s'il décide de vous emmener au restaurant. Il le choisira romantique : éclairage tamisé et petite musique. C'est là qu'il saura vous dire le jour et l'heure où vos regards se sont rencontrés pour la première fois et que c'est en vous entendant rire qu'il est devenu amoureux; pour lui, c'est presque déjà un anniversaire.

Non, je ne vous ai pas dit qu'il n'est pas romantique ! Si le Taureau décide de vous faire la cuisine, sachez qu'il rêve probablement déjà de devenir votre cuisinier attitré. Vous souriez ! Méfiez-vous, c'est un envoûteur de classe. Et il est d'une habileté !

D'abord il vous mettra à l'aise, complètement, totalement à l'aise. Vous vous abandonnerez à tant de confort et de chaleur à peu près sans vous en rendre compte. Quelques petits plats dans les grands, pas trop, histoire de vous montrer qu'il sait y faire. Et une cuisine toute chaude, toute apaisante; celle qu'il préfère dans son quotidien. Oui, il mange aussi bien que ça tous les jours ! Très dangereux ! Méfiez-vous, vous le demanderez peut-être en mariage avant la fin du repas. Ça s'est déjà vu...

Et il sait être si tendre, si doux et si protecteur ! Très sensuel, et finalement vulnérable, il saura vous dire à répétition combien vous êtes bien ensemble. Sensible à tout ce qui se touche, il appréciera la texture de vos cheveux, le velouté de votre peau et la douceur de vos vêtements. Comment résister à tant d'attentions ! Et il sait être d'une telle ardeur !

Il vous questionnera beaucoup sans en avoir l'air. Livrez-vous, il y tient. Il a besoin d'aller au fond des choses. Et s'il parle facilement de «la» chose, sachez que c'est pour mieux vous plaire.

Vous préférez vraiment les châteaux en Espagne ? Dommage ! Le Taureau vous offrirait celui de son quotidien, construit de matériaux solides et durables. C'est là qu'il veut vivre dans la sécurité, la douceur et le plaisir tout simple.

Les plantes et les végétaux du Taureau

Abricot, amande, ancolie, bardane, blé, citronnelle, datte, dent-de-lion, figue, fraise, genévrier, guimauve, lilas, lin, lis, menthe, muguet, myrte, olivier, oseille, pied-d'alouette, pin, plantain, pomme, raisin, sauge, thym.

Sa plante-talisman est le genévrier qui est diurétique et stimule le foie.

Le Taureau a besoin de potassium pour le tonus musculaire et la résistance. Sont riches en potassium : les abricots, les bananes, les dattes, les figues, les raisins secs, les graines de tournesol, le blé, le riz, les pommes de terre, les fruits de mer, les olives, les céréales, les tomates, le céleri et les champignons.

Il nous en voudra de lui rappeler qu'il est souvent trop gourmand et qu'il devrait manger des salades et mastiquer lentement ses aliments pour éviter les problèmes de digestion. Je sais, il proteste...

Les massages et le grand air le détendent; il aime bien.

Sait-il que, pour protéger sa gorge et sa voix si belle, rien de tel qu'un thé de feuilles et de fleurs de guimauve et de sauge? Vraiment!

Les recettes du

Taureau

Les bâtons au fromage
Les pétoncles marinés et frits à la russe
La crème de champignons
Les fettucine au pesto
Le pain italien au fromage
Le poulet croustillant aux graines de sésame
Le filet mignon au poivre vert
La pizza à la niçoise
Les aubergines farcies à l'ail
Les carottes sautées à l'abricot
La salade aux épinards
Le gâteau aux pommes et aux noix

Les bâtons au fromage

Huile à friture
1 lb (500 g) de fromage mozzarella, coupé en 24 bâtonnets
1 tasse (250 ml) de farine, salée et poivrée
6 oeufs, légèrement battus
3 tasses (750 ml) de chapelure
fromage parmesan, frais râpé

Chauffer l'huile à friture. Passer les bâtonnets de fromage dans la farine, puis dans les oeufs et enfin dans la chapelure. Les rouler dans la paume des mains pour faire adhérer la chapelure. Les repasser dans la chapelure et les rouler une fois encore dans la paume des mains; la croûte sera plus croustillante. Les cuire en grande friture jusqu'à ce qu'ils soient bien dorés. Ne pas trop les cuire pour éviter que le fromage ne fonde. Égoutter sur du papier absorbant, saupoudrer de parmesan râpé et servir avec votre sauce trempette préférée.

(4 à 6 portions)

Les pétoncles marinés et frits à la russe

1 lb (500 g) de pétoncles
¼ tasse (50 ml) d'huile d'olive
¼ tasse (50 ml) de sherry
2 c. à soupe (25 ml) de jus de citron
sel de céleri et poivre, frais moulu

2 oeufs, battus
chapelure

⅔ tasse (175 ml) de mayonnaise
¼ tasse (50 ml) de sauce chili
2 c. à thé (10 ml) de vinaigre de vin
1 c. à soupe (15 ml) de whisky
huile à friture

Laver et égoutter les pétoncles. Les déposer dans un bol avec l'huile d'olive, le sherry et le jus de citron; laisser mariner une heure. Bien les égoutter, saler et poivrer.

Saucer les pétoncles dans les oeufs battus et couvrir chacun soigneusement de chapelure. Réfrigérer jusqu'au moment de servir.

Mélanger la sauce chili, la mayonnaise, le vinaigre et le whisky; réfrigérer jusqu'au moment de servir.

Chauffer le bain de friture à 375° F (190° C).

Frire les pétoncles panés en grande friture jusqu'à ce qu'ils soient bien dorés. Égoutter sur du papier absorbant.

Servir immédiatement. Présenter la sauce en ramequin.

(4 portions)

La crème de champignons

1 lb (500 g) de champignons
le jus d'un citron
1 c. à soupe (15 ml) de beurre
2 c. à soupe (25 ml) d'échalotes émincées
1 petite feuille de laurier
¼ c. à thé (1 ml) de thym
2 tasses (500 ml) de crème à fouetter
1 ½ tasse (375 ml) de bouillon de boeuf
1 c. à thé (5 ml) de sel
½ c. à thé (2 ml) de poivre, frais moulu
1 c. à thé (5 ml) de fécule de maïs dans une c. à soupe (15 ml) d'eau
1 c. à soupe (15 ml) de persil frais, haché

Hacher menu les champignons et arroser de jus de citron. Faire fondre le beurre et sauter les échalotes à feu moyen sans les faire brunir. Ajouter les champignons, la feuille de laurier, le thym, et cuire 10 minutes, ou jusqu'à ce que le liquide soit complètement absorbé. Retirer la feuille de laurier. Incorporer la crème, le bouillon, le sel et le poivre et porter à ébullition. Réduire la chaleur et mijoter, 20 minutes. Ajouter la fécule de maïs et mijoter encore 10 minutes en remuant souvent. Corriger l'assaisonnement.

Servir dans des bols chauds et garnir de persil frais, haché.

(6 portions)

Les fettucine au pesto

1 lb (500 g) de fettucine cuits et égouttés
3 c. à soupe (50 ml) de beurre, à la température de la pièce
3 tasses (750 ml) de feuilles de basilic frais, grossièrement hachées
1 tasse (250 ml) de pignons
1 tasse (250 ml) de persil, italien si possible, grossièrement haché
¾ tasse (175 ml) de fromage parmesan, frais râpé si possible
½ tasse (125 ml) d'huile d'olive
sel et poivre, frais moulu

Passer le basilic, les pignons, le fromage, le persil et l'huile d'olive au mélangeur, jusqu'à ce que la sauce soit lisse et onctueuse; saler et poivrer. Laisser vieillir quelques jours au réfrigérateur, si désiré. Servir cependant à la température de la pièce.

Pour servir, beurrer les fettucine, y verser la sauce et mélanger à table.

(6 portions)

Le pain italien au fromage

½ tasse (125 ml) de beurre, à la température de la pièce
½ tasse (125 ml) de persil frais, haché
½ tasse (125 ml) de fromage parmesan, frais râpé si possible
3 gousses d'ail émincées
1 c. à soupe (15 ml) d'huile d'olive
½ c. à thé (2 ml) de basilic écrasé
½ c. à thé (2 ml) d'origan écrasé
sel et poivre, frais moulu
1 pain italien

Préchauffer le four à 375° F (190° C).

Couper un pain italien en tranches diagonales jusqu'aux trois quarts (que la croûte du dessous ne se détache pas) et le déposer sur une feuille de papier d'aluminium.

Mélanger tous les autres ingrédients et étendre le mélange entre les tranches du pain coupé. Bien envelopper le pain dans la feuille de papier d'aluminium et cuire au four, 20 minutes.

Les portions? Boff...

Le poulet croustillant aux graines de sésame

¼ tasse (50 ml) de sauce soya
3 c. à soupe (50 ml) de sherry
2 c. à soupe (25 ml) d'huile végétale
2 c. à soupe (25 ml) de marmelade à l'orange
1 c. à soupe (15 ml) de miel
1 gousse d'ail, émincée
1 ½ c. à thé (7 ml) d'huile de sésame
¼ c. à thé (1 ml) de sauce Tabasco
2 poitrines de poulet, peau enlevée et coupées en deux
2 c. à soupe (25 ml) de chapelure
2 c. à soupe (25 ml) de graines de sésame
2 c. à soupe (25 ml) de beurre

Passer au mélangeur la sauce soya, le sherry, l'huile végétale, la marmelade à l'orange, le miel, l'ail, l'huile de sésame et la sauce Tabasco. Verser dans une casserole peu profonde, ajouter le poulet et bien l'enduire de la marinade. Couvrir et réfrigérer, 12 heures.

Chauffer le four à 375° F (190° C). Graisser une casserole de grosseur moyenne. Égoutter le poulet et le déposer dans la casserole. Saupoudrer de chapelure et de graines de sésame; ajouter le beurre par petites quantités. Cuire au four, à peu près 25 minutes, à 375° F (190° C). Arroser souvent avec la marinade en cours de cuisson. Servir très chaud.

(4 portions)

Le filet mignon au poivre vert

4 filets mignons de 1 ½ pouce (4 cm) d'épaisseur
8 c. à soupe (125 ml) de poivre vert en conserve
beurre
⅓ tasse (75 ml) de cognac
⅔ tasse (165 ml) de crème à fouetter
sel

Barder les filets mignons de bacon. Écraser 1 c. à soupe (15 ml) de poivre vert avec le plat de la lame d'un couteau; presser un filet sur le poivre vert écrasé. Écraser encore la même quantité de poivre vert, retourner le filet et le presser sur le poivre écrasé pour faire pénétrer dans la viande. Préparer les autres filets de la même manière. Laisser reposer 1 heure, à la température de la pièce.

Sauter au beurre, selon ses préférences. Retirer du feu, enlever le bacon et garder les filets au réchaud.

Ajouter le cognac au jus de cuisson et déglacer à feu moyen. Ajouter la crème et mijoter quelques minutes sans bouillir. Saler et servir les filets nappés de sauce.

(4 portions)

La pizza à la niçoise

Pour la pâte
1 ¼ tasse (300 ml) de farine tout usage
¼ tasse (50 ml) de farine de blé entier
½ c. à thé (2 ml) de sel
1 c. à thé (5 ml) de levure
½ tasse (125 ml) d'eau tiède
1 c. à soupe (15 ml) d'huile d'olive

Pour la garniture
¼ tasse (50 ml) d'huile d'olive
2 gousses d'ail, émincées
1 aubergine, coupée en dés moyens
2 tasses (500 ml) de tomates italiennes, pelées, vidées et hachées
12 olives niçoises, dénoyautées et coupées en deux
1 tasse (250 ml) de fromage mozzarella, râpé
½ tasse (125 ml) de pepperoni, tranché mince
2 c. à soupe (25 ml) d'huile d'olive
1 c. à thé (5 ml) d'origan, écrasé

La pâte
Mélanger les farines et le sel dans un grand bol. Faire un trou au centre de la farine et y saupoudrer la levure. Verser à peu près 2 c. à soupe (25 ml) d'eau sur la levure et mélanger du bout des doigts pour faire dissoudre la levure. Verser le reste de l'eau et l'huile d'olive; incorporer. Former la pâte en boule et pétrir sur une surface légèrement enfa-

rinée, à peu près 5 minutes, jusqu'à ce que la pâte soit lisse et élastique. Si la pâte est trop collante, ajouter de la farine en pétrissant, 1 c. à thé (5 ml) à la fois. Si elle est trop sèche, ajouter quelques gouttes d'eau en pétrissant.

Huiler un grand bol, y déposer la pâte en la retournant une fois pour l'enduire d'huile. Couvrir d'un linge sec et laisser lever au double de son volume dans un endroit chaud et à l'abri des courants d'air, 2 heures. Pétrir la pâte légèrement pour la dégonfler, et la former à la main dans l'assiette. Utiliser une assiette à pizza moyenne et la faire tourner en formant la pâte.

La garniture
Chauffer le four à 425° F (220° C).

Chauffer ¼ tasse (50 ml) d'huile d'olive dans un grand poêlon, à feu moyen. Ajouter l'ail et le faire dorer. Ajouter l'aubergine et cuire jusqu'à ce qu'elle soit tendre, en remuant de temps à autre. Ajouter les tomates et les olives et cuire, 3 minutes. Laisser refroidir à la température de la pièce avant d'utiliser.

Étendre la préparation sur la pâte. Ajouter le fromage, et le pepperoni sur le fromage. Arroser d'huile d'olive et saupoudrer d'origan. Cuire au four, à 425° F (220° C), 15 à 20 minutes. Couper en pointes et servir.

(2 à 4 portions)

Les aubergines farcies à l'ail

6 gousses d'ail
3 c. à soupe (50 ml) d'huile d'olive
2 c. à soupe (25 ml) d'herbes de Provence
½ c. à thé (2 ml) de sel
¼ c. à thé (1 ml) de poivre, frais moulu
4 petites aubergines
1 ½ c. à thé (7 ml) de zeste de citron, finement râpé
2 c. à soupe (25 ml) de persil, haché

Déposer l'ail dans l'huile d'olive pour lui en faire prendre le goût, 15 minutes. Retirer les gousses d'ail et les égoutter. Ajouter les herbes de Provence, le sel et le poivre à l'huile d'olive.

Chauffer le four à 400° F (205° C).

Couper l'ail en fines lamelles; pratiquer des fentes sur les aubergines et y insérer les lamelles d'ail. Déposer les aubergines sur des feuilles de papier aluminium, les enrober d'huile assaisonnée et envelopper chacune en prenant soin de bien sceller. Déposer sur une tôle à biscuits et cuire au four à 400° F (205° C), 30 minutes.

Pour servir, retirer le papier aluminium et présenter saupoudrées de zeste de citron et de persil haché.

(4 portions)

Les carottes sautées à l'abricot

5 c. à soupe (75 ml) de beurre
1 oignon, coupé en deux et tranché finement
1 lb (500 g) de carottes, râpées
½ tasse (125 ml) d'abricots séchés, coupés en fines lamelles
½ tasse (125 ml) de bouillon de boeuf
1 c. à soupe (15 ml) de sherry
sel et poivre, frais moulu

Faire fondre le beurre dans un grand poêlon; ajouter l'oignon et faire dorer à feu moyen. Ajouter les carottes et les abricots et cuire, 2 minutes, en remuant. Ajouter le bouillon, couvrir et cuire, 5 minutes. Découvrir, ajouter le sherry, corriger l'assaisonnement et servir.

(4 à 6 portions)

La salade aux épinards

4 jaunes d'oeufs
1 c. à thé (5 ml) de moutarde sèche
1 c. à thé (5 ml) de sel
½ c. à thé (2 ml) de poivre, frais moulu
½ tasse (125 ml) d'huile d'olive
¼ tasse (50 ml) de sucre
3 c. à soupe (50 ml) de vinaigre de vin rouge
2 c. à soupe (25 ml) de jus de citron

1 lb (500 g) de feuilles d'épinards, lavées, égouttées et asséchées
1 tasse (250 ml) de champignons, tranchés finement
¾ tasse (175 ml) de bacon cuit, écrasé

Battre soigneusement les jaunes d'oeufs au fouet. Ajouter la moutarde, le sel et le poivre et bien incorporer. Ajouter l'huile d'olive d'abord goutte à goutte, en battant sans arrêt; puis la verser en un mince filet en battant toujours. Ajouter le sucre, le vinaigre et le jus de citron et bien mélanger.

Déposer les feuilles d'épinards dans un grand bol. Ajouter les champignons, le bacon et la vinaigrette et mélanger soigneusement.

(6 à 8 portions)

Le gâteau aux pommes et aux noix

1 ½ tasse (375 ml) d'huile végétale
1 ½ tasse (375 ml) de sucre
½ tasse (125 ml) de cassonade bien tassée
3 oeufs
3 tasses (750 ml) de farine
1 c. à soupe (15 ml) de cannelle
1 c. à thé de soda à pâte
½ c. à thé (2 ml) de muscade
½ c. à thé (2 ml) de sel
3 ½ tasses (875 ml) de pommes, pelées et coupées en dés grossiers
1 tasse (250 ml) de noix de Grenoble, grossièrement hachées
2 c. à thé (10 ml) de vanille

Glace
3 c. à soupe (50 ml) de beurre
3 c. à soupe (50 ml) de cassonade
3 c. à soupe (50 ml) de sucre
3 c. à soupe (50 ml) de crème à fouetter
¼ c. à thé (1 ml) de vanille

Chauffer le four à 325° F (160° C). Graisser et enfariner généreusement un grand moule tubulaire. Mélanger l'huile végétale, le sucre et la cassonade dans un grand bol. Ajouter les oeufs, un à la fois, et battre après chaque addition. Tamiser ensemble les ingrédients secs et les ajouter au mélange en incorporant bien. Incorporer les pommes, les noix et la vanille. Cuire au four, à peu près 1 ¾ heure, à 325° F (160° C). Laisser refroidir 20 minutes avant de démouler, puis laisser refroidir sur une grille.

Pour préparer la glace, mélanger tous les ingrédients et les porter à ébullition; cuire 1 minute. Verser sur le gâteau tiède.

(12 à 16 portions)

La cuisine des

Gémeaux

légère, fantaisiste, bohème

21 mai - 21 juin

Les Gémeaux

La dualité du signe des Gémeaux provoque souvent la caricature, et, avouons-le, l'injustice. À tant le décrire au pluriel, on l'accuse presque de malhonnêteté. C'est bien dommage. C'est d'abord face à lui-même que le Gémeaux est double; il vit un constant monologue intérieur, se regarde vivre et se juge. Et, malgré les apparences, il se livre bien rarement.

Le personnage est en général mince, d'allure élégante et nerveuse. Vous avez raison, il bouge beaucoup! Et regardez ses mains, on dirait des ailes! Le Gémeaux a besoin de mouvement constant comme il a besoin d'air. Il rêve peut-être d'être «ailleurs». Je sais, il ne vous regarde pas droit dans les yeux très longtemps; il a déjà saisi l'essentiel et il veut tout voir. Mais que de lumière dans ce regard! Je parie que vous ne lui en voudrez pas.

Très sociable et même mondain, c'est ordinairement en société qu'on fait la connaissance d'un Gémeaux. Rassurez-vous, vous n'avez pas vu double: il était là il y a à peine un instant. On le dit superficiel, inconstant. Peut-être. Et si c'était en lui-même qu'il cherchait sans jamais le dire?

Le Gémeaux s'attarde rarement quelque part, sauf peut-être pour la conversation si elle est intéressante; il en sera d'ailleurs probablement l'animateur. Il déteste les gens butés, rigides ou conservateurs. Il s'impatiente alors ou ironise, hélas bien facilement! Il a tendance à vivre sous pression, à un rythme effréné, à voir beaucoup de gens. Rarement persévérant, il ébauche souvent plusieurs projets à la fois qu'il lui arrive d'abandonner s'il ne peut les réaliser aussi rapidement qu'il le souhaiterait.

Peu sportif, il n'apprécie pas beaucoup les efforts musculaires. Ses points faibles sont les poumons et les bronches, les épaules, les bras, les mains et les doigts. C'est à bouger trop vite que le Gémeaux se blesserait parfois aux mains et aux bras. Facilement nerveux, il souffre parfois d'allergies et de migraines.

Quel talent, quels dons de conteur et d'amuseur! Et il est toujours prêt à vous les offrir. Mais non, il ne ment pas; il colore! Il a de l'imagination, lui! N'allez surtout pas croire tout ce qu'on raconte à son sujet. Le Gémeaux sait être un ami précieux et intuitif. Et si c'était pour masquer ses véritables sentiments qu'il se transforme si facilement en papillon... C'est peut-être de lui-même qu'il se méfie un peu.

Le Gémeaux et la cuisine dans sa vie quotidienne

Non, il ne vit pas dans une gare. Le Gémeaux voyage probablement beaucoup, mais il ne vit pas dans une gare.

Son intérieur est sans doute un peu bohème; disons, habité. Je sais. Les journaux, les revues, les livres qui s'empilent un peu partout. Il lit beaucoup, très vite; un bref coup d'oeil en commençant toujours par la dernière page, puis il se promène d'un chapitre à l'autre.

Il sort beaucoup et n'est pas souvent chez lui. Il fuit l'ennui, la monotonie et le quotidien répétitif. Tôt levé, tôt parti, il ne pense pas nécessairement à prendre le petit déjeuner. D'excellente humeur, il sourit facilement, surtout si ses intimes ont l'intelligence de ne pas le rappeler à l'ordre.

Il a tant de choses à faire, tant de gens à voir. Il pétille déjà d'énergie nerveuse. Pensera-t-il à manger? Qui sait! Peut-être pas.

Le Gémeaux n'est pas un gros mangeur. Il supporte mal les nourritures lourdes, les plats cuisinés ou trop épicés, les sauces. C'est un grignoteur. Il a tendance à manger tout au long de la journée, à petites bouchées.

Laissé à lui-même, il se préparera une cuisine peut-être un peu répétitive, mal équilibrée et, avouons-le, morne. Quelqu'un qui ne sait pas trouver le temps de faire les courses risque de ne pas avoir sous la main de quoi se préparer un repas intéressant.

Ses intimes savent bien qu'il ne faut jamais tenter de lui imposer des horaires. Les inventeurs du four à micro-ondes avaient sûrement des Gémeaux dans leur entourage. Il ne sait pas arriver à l'heure et il mange souvent des plats réchauffés. Les talents de cuisinier de qui partage sa vie ne lui importent guère pourvu qu'on soit intéressant, fascinant, gai, bavard et drôle et qu'on ne ressemble pas à un gendarme.

Et si un Gémeaux avait inventé le lave-vaisselle! Je n'en serais pas vraiment surprise; il sait si bien éviter de faire ce dont il n'a pas envie. D'ailleurs, pourquoi songer à de telles besognes; il n'en a pas le temps! Il veut discuter, rire, planifier un voyage ou même sortir. Et puis, peut-être les copains passeront-ils plus tard! Le Gémeaux ne tolère jamais du quotidien que ce qu'il peut transformer ou embellir. Qui l'aime le suive ou l'attende.

Et vous l'attendrez. En veut-on à qui connaît les secrets de la jeunesse éternelle, à qui sait être espiègle, curieux et drôle et sait se moquer de lui-même presque par pudeur?...

Le Gémeaux et la cuisine dans sa vie sociale

Toujours en mouvement, le Gémeaux a besoin de sortir, de rencontrer des gens, d'échanger des idées. Il vit et respire d'imprévu.

Il vous invitera à dîner au restaurant au bout du monde plutôt que de répondre à une de vos lettres. C'est tellement plus intéressant. Ainsi vous pourrez discuter, régler vos affaires rapidement et vous amuser. Ne vous inquiétez pas, c'est lui qui se déplacera.

Vous aviez remarqué ce groupe de dîneurs un peu trop bruyants là-bas! Je sais, vous n'aviez pas le choix. C'est un Gémeaux qui les amuse tant. Il fait des blagues, raconte des histoires toutes plus drôles les unes que les autres, imite les voix des gens qu'il met en scène. Rassurez-vous, il ne prendra pas toute la place ainsi pendant des heures!

Le Gémeaux sait être un invité rêvé. Il adore les groupes, si nombreux soient-ils. Il a le don de la parole; ce qu'il sait parler! C'est un invité parfait. Il a des manières de grand prince, du savoir-faire à revendre, de l'humour, de la présence et, pour tout dire, de la grâce.

Il adore rencontrer des gens nouveaux, les divertissements mondains le charment. On le dit spécialiste du flirt et du marivaudage discrets… rare qualité à une époque où les rapprochements ont tendance à se faire de façon moins subtile. Vos autres invités l'adoreront, même les partenaires de ses objets de marivaudages. Il sait être à ce point discret.

Il s'intéressera à tout et à tous pendant au moins un temps. Ne lui en voulez pas trop de ne pas vider son assiette; il mange peu. Il lui arrive parfois de dévorer au point de se rendre malade, presque par distraction, mais c'est plutôt rare. Et il a un faible pour les sucreries et les desserts. Il ne déteste pas les alcools fins.

Le Gémeaux papillonnera de groupe en groupe; on s'anime à son contact, les rires fusent toujours. Bien sûr, il racontera des histoires, il ne saurait s'en priver. Vous ne voudriez pas que vos autres invités s'ennuient! Il sait écouter mais s'impatiente parfois; il a déjà tout compris, il passe à autre chose ou à quelqu'un d'autre.

Il n'est déjà plus là? Ça lui ressemble un peu. Il avait peut-être une autre soirée ou une bande de copains à qui raconter celle qu'il vient de passer chez vous, à moins qu'un de ses marivaudages, n'est-ce pas… C'est si charmant, si neuf et si léger ces premiers moments d'emportement! Comment le Gémeaux pourrait-il y résister?

Croyez-m'en, vous l'inviterez souvent!

Quand le Gémeaux reçoit

Vous ne saviez pas que vous seriez plusieurs! Pourtant, il est Gémeaux. Il a tenté de vous habituer à venir le voir à l'improviste, comme ça, pour prendre un verre, une bouchée ou le café. Vous avez quand même téléphoné et voici que vous arrivez en pleine fête. Vous en avez de la chance d'attraper le Gémeaux chez lui!

Le Gémeaux aime vivre pour le moment présent et ce qu'il a à offrir de neuf et de divertissant. On dit de lui que ses sympathies sont peu constantes et ce n'est pas nécessairement le cas; elles sont en général nombreuses. Il est vrai qu'il ne s'attarde jamais à fréquenter des gens qui ne l'intéressent pas; c'est une forme d'honnêteté qui en vaut d'autres.

Il a besoin de ses amis et de ses copains comme il a besoin de respirer. Chez lui, c'est la décontraction totale et le Gémeaux accepte volontiers qu'on l'aide à préparer le repas. Sa cuisine n'est jamais une forteresse impénétrable. S'il vous a invité, tout ne sera pas forcément prêt à votre arrivée. Les détails, n'est-ce pas...

C'est agréable de dresser les plats en copains, de préparer les crudités et la salade en se racontant de folles histoires et en prenant l'apéritif; et fort gênant de jouer les intellectuels secs et plats en essorant la laitue. Il est peut-être plus habile qu'on ne le croit, ce Gémeaux!

Chez lui vous rencontrerez toujours des gens fascinants, passionnants. Les autres ne reviennent pas souvent. Le Gémeaux s'impatiente devant les gens butés ou moins intelligents que lui et il devient alors dangereusement ironique, sarcastique et blessant. Ses moqueries et ses bavardages sont généralement amusants et drôles, à condition qu'on ne le provoque pas.

Les discussions qui n'en finissent plus, vous connaissez? Vous appréciez au moins! Parce qu'ici vous serez servi et longtemps! Les idées, les projets, les suggestions fusent autant que le rire. Et s'il vous apprenait comment faire fortune; il est bourré d'idées. Il manque cependant de patience et de ténacité. Vous, peut-être pas!

Il s'intéresse à tout, se tient au courant de tout ce qui se passe dans le monde. Et surtout, vous l'intéressez. Vous aurez parlé, échangé longtemps et le Gémeaux ne se sera pas livré. C'est pourtant lui qui, de l'autre bout du monde, vous avait écrit cette lettre intuitive, troublante et télépathique quand vous étiez si malade. Il n'aime peut-être pas se répéter...

Le Gémeaux et la cuisine de conquête

Vous ne l'ignorez plus, le Gémeaux aime le changement, le mouvement et les émotions nouvelles, comme d'ailleurs les sensations inattendues. Celui-là ne rêve pas de permanence ni de racines; mieux vaut vous le dire tout de suite.

Je sais; charmant, charmeur, aimable et tant de choses encore! Fin causeur, persuasif, élégant, probablement beau, jeune quel que soit son âge! Comment résister... Parce que vous allez me dire que vous avez envie de lui résister. Je ne vous croirais pas; j'en connais, moi, des Gémeaux! Mais non, je ne vous dirai pas qui; tout de même!

Le Gémeaux n'est pas à la recherche d'une grande passion exclusive. Il cherche plutôt l'âme soeur; avec elle, il pourra discuter, échanger, parler d'amour. Faut-il le blâmer d'en trouver plusieurs! S'il se méfie de l'amour et des longues liaisons, c'est peut-être qu'il ne veut pas souffrir ou faire souffrir. Instable et hésitant devant l'amour, il a peur de l'ennui. Mais nous n'en sommes pas là.

Vous avez éveillé la curiosité du Gémeaux, c'est ce qu'il fallait faire. Vous l'intéressez. Il adore cette émotion des premiers instants de ce qui risque de devenir une aventure amoureuse. Il sait y faire!

Il vous servira une cuisine toute légère, subtilement assaisonnée. De quoi grignoter longtemps. Tout est si facile avec lui, si décontracté. Vous participerez peut-être à la préparation du repas. Vous êtes déjà copains, non?

C'est important pour lui la camaraderie, l'affection gentille et la tendresse. On dit de lui qu'il est un éternel adolescent; c'est possible. Vous discuterez longtemps et de tout. Et vous parlerez d'amour. Je sais, toutes ces interruptions vous agacent; on le réclame de partout. Ne vous inquiétez pas, pour l'instant c'est vous qui l'intéressez.

Allons, laissez-vous charmer! La magie du moment présent, vous connaissez? Il vous en parlera, d'ailleurs. C'est vous le déclencheur de cette magie, le saviez-vous? Il vous l'apprendra. Vous vous raconterez beaucoup et lui, si peu. Il vous fera rire si facilement...

Il ne vous enveloppera pas de sa folle passion. C'est l'émerveillement des premiers soupirs qu'il a à vous offrir. Il n'est déjà plus là? Il reparaîtra peut-être dans votre vie... Sachez que, amoureux, le Gémeaux si souple se ferait à votre rythme et tiendrait à tout partager avec vous au point de vous ressembler. Vous tenez vraiment à le changer?

Les plantes et les végétaux des Gémeaux

Amandes, aneth, carvi, céréales, surtout les flocons d'avoine et le germe de blé, chèvrefeuille, coudrier, douce-amère, fenouil, genévrier, lavande, lin, liseron, marjolaine, mélisse, menthe, myosotis, noisetier, persil, romarin, sarriette, scabieuse, séné, thym, valériane, verveine.

Sa plante-talisman est le thym, tonique et antiseptique.

Le natif des Gémeaux a besoin de phosphore qui aide au bon fonctionnement des cellules nerveuses. Sont riches en phosphore : le blé, l'ail, le céleri, les raisins secs, les oignons, les lentilles et les poissons, et surtout, les produits laitiers, les tomates, les abricots, les pommes et les céréales.

Le natif des Gémeaux supporte mal les excès et si on lui conseille d'apprendre à manger lentement, c'est qu'il assimile mal quand il mange trop vite.

Les abus de café lui seraient nocifs et cause d'insomnie.

La marche au grand air et surtout les respirations profondes le détendent, comme les bains de détente aromatisés au thym et à la marjolaine.

Et, pour l'aider dans sa lutte contre les microbes, ces plantes aux vertus antiseptiques et bactéricides : l'ail, la lavande, le romarin, la sauge et le thym.

Les recettes des

Gémeaux

Le potage au cresson
Les endives au fromage bleu
Les huîtres au four
La sauce aux crevettes et au fromage feta
Le saumon aux fruits
La fricassée de veau au citron
La tarte au fromage blanc
Les oeufs brouillés au crabe
Les croquettes de pommes de terre
La salade aux lentilles et aux tomates
Les pommes au four
Les poires à la cardamome

Le potage au cresson

1 botte de cresson
2 c. à soupe (25 ml) de beurre
1 oignon, finement haché
1 branche de céleri, finement hachée
2 pommes de terre moyennes, coupées en petits dés
3 tasses (750 ml) de bouillon de poulet
1 c. à soupe (15 ml) de jus de citron
½ c. à thé (2 ml) de sel
poivre, frais moulu
¾ tasse (175 ml) de crème à fouetter

Laver et égoutter le cresson. Réserver une douzaine de feuilles. Hacher finement le reste des feuilles et des tiges. Faire fondre le beurre dans une marmite et faire sauter l'oignon et le céleri, 3 minutes. Ajouter le cresson, les pommes de terre, le bouillon, le jus de citron, le sel et le poivre. Couvrir et mijoter, 30 minutes.

Laisser refroidir un peu, puis passer au mélangeur. Verser dans une marmite propre, ajouter la crème et réchauffer.

Servir chaud ou froid et garnir de feuilles de cresson.

(4 portions)

Les endives au fromage bleu

2 c. à soupe (25 ml) de fromage bleu, à la température de la pièce
2 c. à soupe (25 ml) de fromage à la crème, à la température de la pièce
2 c. à soupe (25 ml) de beurre, à la température de la pièce
¼ tasse (50 ml) de crème à fouetter

2 endives, lavées, séparées en feuilles et séchées soigneusement

paprika

Incorporer les fromages, le beurre et la crème au mélangeur, ajouter un peu de crème si nécessaire.

Déposer le mélange par petites quantités sur les feuilles d'endive, saupoudrer de paprika et réfrigérer.

Servir au moment de l'apéritif. (4 portions)

Les huîtres au four

1 ¾ tasse (425 ml) de chapelure sèche
¾ tasse (175 ml) de fromage parmesan, préférablement frais râpé
2 c. à thé (10 ml) de basilic écrasé
2 c. à thé (10 ml) de persil frais, haché
1 ½ c. à thé (7 ml) de sel
1 c. à thé (5 ml) d'origan, écrasé
½ c. à thé (2 ml) de poivre, frais moulu
2 gousses d'ail, émincées
2 tasses (500 ml) d'huîtres fraîches, légèrement égouttées

2 c. à soupe (25 ml) d'huile d'olive
2 c. à soupe (25 ml) de vin blanc
1 c. à soupe (15 ml) de jus de citron

Préchauffer le four à 400° F (200° C).

Graisser une casserole moyenne. Mélanger les 8 premiers ingrédients dans un bol et saupoudrer un tiers de ce mélange dans le fond de la casserole. Y déposer soigneusement les huîtres, les unes à côté des autres, et les saupoudrer du reste du mélange. Mélanger l'huile, le vin et le jus de citron et verser sur les huîtres. Cuire au four, à découvert, 30 minutes.

Servir immédiatement.

(6 portions)

La sauce aux crevettes et au fromage feta

1 lb (500 g) de crevettes moyennes, cuites, épluchées et déveinées
1 lb (500 g) de fromage feta, rincé, séché et émietté grossièrement
6 oignons verts, finement hachés
2 c. à thé (10 ml) d'origan, écrasé
4 tomates fraîches, pelées, épépinées et grossièrement hachées
sel et poivre, frais moulu

1 lb (500 g) de pâtes, cuites et égouttées
3 c. à soupe (50 ml) de beurre, à la température de la pièce

Mélanger les crevettes, le fromage feta, les oignons verts, l'origan, le sel et le poivre; ajouter les tomates et corriger l'assaisonnement.
Laisser reposer à la température de la pièce, au moins 1 heure.

Beurrer les pâtes bien chaudes, ajouter la sauce, mélanger et servir immédiatement.

(4 à 6 portions)

Le saumon aux fruits

6 steaks de saumon épais
1 c. à soupe (15 ml) de jus de citron
3 c. à soupe (50 ml) de beurre
sel et poivre, frais moulu
2 limes, finement tranchées
1 pomme, non pelée, coupée en deux, trognon enlevé et finement
  tranchée
1 poire, non pelée, coupée en quatre, trognon enlevé et finement
  tranchée

Préchauffer le gril.

Déposer le saumon sur une tôle à griller, arroser de jus de citron
et griller rapidement.

Fondre le beurre dans un poêlon, ajouter les fruits et cuire, sans
brunir, pour leur faire absorber le beurre.

Déposer les fruits sur le saumon, saler et poivrer, et servir immédiatement.

(6 portions)

La fricassée de veau au citron

5 c. à soupe (75 ml) d'huile d'olive
2 c. à soupe (25 ml) de beurre
¼ tasse (50 ml) de farine
3 lb (1 ½ kg) de veau, coupé en cubes
sel et poivre, frais moulu

2 oignons moyens, hachés
2 carottes, coupées en dés
1 poireau (le blanc seulement), finement tranché
2 gousses d'ail, émincées
1 feuille de laurier
1 c. à soupe (15 ml) de persil, grossièrement haché
1 c. à soupe (15 ml) d'estragon frais, finement haché
ou 1 c. à thé (5 ml) d'estragon séché
1 c. à thé (5 ml) de thym séché
le jus d'un citron
1 tasse de tomates (250 ml), pelées, vidées et hachées
1 tasse (250 ml) de bouillon de poulet
½ tasse (125 ml) de vin blanc sec
persil frais, haché

Chauffer le four à 350° F (175° C).

Faire chauffer 2 c. à soupe (25 ml) d'huile d'olive et ½ c. à soupe (7 ml) de beurre dans une grande casserole, à feu moyen. Enfariner légèrement la viande et la faire dorer par petites quantités, en ajoutant du gras à la mesure des besoins. Retirer la viande cuite de la casserole; saler et poivrer.

Ajouter les oignons, les carottes et le poireau; cuire à feu moyen, 5 minutes. Pendant ce temps, faire un bouquet garni avec les herbes; verser le jus de citron sur la viande et mélanger doucement. Déposer la viande dans la casserole, puis le bouquet garni, les tomates, le bouillon et le vin. Couvrir et cuire au four, à 350° F (175° C), 45 minutes. Découvrir et cuire encore 30 minutes.

Servir la fricassée garnie de persil frais, haché. Et comme toutes les fricassées, c'est encore meilleur réchauffé.

(4 à 6 portions)

La tarte au fromage blanc

Pour de meilleurs résultats, utiliser un moule à gâteau de 9 pouces (23 cm) à fond amovible.

1 abaisse cuite

6 c. à soupe (90 ml) de beurre, à la température de la pièce
½ tasse (125 ml) de fromage en crème, à la température
de la pièce

2 c. à soupe (25 ml) de farine
½ tasse (125 ml) de fromage cottage en crème
½ tasse (75 ml) de crème sure
2 oeufs
2 c. à soupe (25 ml) de persil frais, émincé
1 gousse d'ail, écrasée et émincée
1 pincée de thym
½ c. à thé (2 ml) de quatre-épices
sel et poivre, frais moulu

Chauffer le four à 375° F (190° C).

Mélanger le beurre et le fromage à la crème au malaxeur jusqu'à consistance lisse. Ajouter la farine. Passer le fromage cottage, la crème sure et les oeufs au mélangeur et ajouter au premier mélange. Ajouter le persil, l'ail, le thym et le quatre-épices. Saler et poivrer au goût.

Cuire au four, sur la grille la plus basse, 18 minutes. Puis, déposer sur la grille la plus haute et cuire jusqu'à ce que la tarte soit bien dorée, 18 à 22 minutes. Laisser tiédir à peu près une heure avant de servir.

(6 à 8 portions)

Les oeufs brouillés au crabe

4 oeufs
1 tasse (250 ml) de chair de crabe en morceaux grossiers
3 oignons verts, émincés
¼ c. à thé (1 ml) de poivre, frais moulu
sel
1 c. à soupe (15 ml) d'huile végétale
branches de cresson

Battre les oeufs dans un bol. Incorporer la chair de crabe, les oignons, le sel et le poivre. Faire chauffer l'huile dans un poêlon, à feu moyen. Ajouter les oeufs et remuer doucement jusqu'à la consistance désirée.

Servir, garnis de branches de cresson.

(6 portions)

Les croquettes de pommes de terre

4 pommes de terre moyennes, bouillies
¼ tasse (50 ml) de beurre, à la température de la pièce
2 c. à soupe (25 ml) de crème à fouetter
2 c. à soupe (25 ml) de persil frais, émincé
½ c. à thé (2 ml) de sel
½ c. à thé (2 ml) de muscade
¼ c. à thé (1 ml) de poivre, frais moulu
½ tasse (125 ml) de fromage parmesan, frais râpé
⅓ tasse (75 ml) (à peu près) de farine
2 oeufs, battus
1 tasse (250 ml) de chapelure fine
Huile pour la friture

Déposer les pommes de terre cuites dans le grand bol de votre malaxeur. Ajouter le beurre, la crème, le persil, le sel, la muscade et le poivre et battre jusqu'à consistance lisse. Ajouter le fromage, bien mélanger.

Laisser refroidir plusieurs heures.

Former en croquettes, en utilisant à peu près ½ tasse (125 ml) pour chacune. Passer dans la farine, puis dans les oeufs, et, enfin, dans la chapelure. Déposer sur une tôle à biscuits et refroidir au réfrigérateur, au moins 1 heure.

Faire chauffer l'huile et cuire les croquettes en grande friture jusqu'à ce qu'elles soient bien dorées. Égoutter sur du papier absorbant. Servir immédiatement. (12 croquettes)

La salade aux lentilles et aux tomates

Lentilles
3 tasses (750 ml) d'eau
1 tasse (250 ml) de lentilles
1 oignon, piqué de trois clous de girofle
2 gousses d'ail, hachées grossièrement
1 feuille de laurier
1 c. à thé (5 ml) de sel
3 branches de persil
2 branches de thym

Vinaigrette
½ tasse (125 ml) d'huile végétale
2 c. à soupe (25 ml) d'huile d'olive
2 c. à soupe (25 ml) de jus de citron
1 oeuf
1 c. à thé (5 ml) de sucre
1 c. à thé (5 ml) de moutarde sèche
1 c. à thé (5 ml) d'ail émincé
1 c. à thé (5 ml) d'herbes de Provence
½ c. à thé (2 ml) de sel
poivre, frais moulu

Salade
½ tasse (125 ml) de tomates, pelées, débarrassées de leurs graines
   et hachées grossièrement
¼ tasse (50 ml) de vinaigrette
3 c. à soupe (50 ml) d'oignon haché
2 c. à soupe (25 ml) de persil frais, haché
1 c. à soupe (15 ml) de jus de citron
2 gousses d'ail émincées

Présentation
4 grosses tomates mûres
sel et poivre
feuilles de laitue Boston

Attacher les branches de persil et de thym et déposer dans une marmite avec l'eau, les lentilles, l'oignon, l'ail, le laurier et le sel. Laisser mijoter, 30 minutes, ou jusqu'à ce que les lentilles soient tendres sans être molles. Retirer l'oignon, le laurier, le persil et le thym et cuire à feu doux jusqu'à ce que le liquide soit complètement absorbé. Verser les lentilles dans un bol et laisser refroidir à la température de la pièce. Couvrir et réfrigérer.

Pour préparer la vinaigrette, mélanger tous les ingrédients en brassant bien pour émulsionner. Conserver au réfrigérateur dans un pot hermétiquement fermé.

Pour préparer la salade, ajouter les tomates hachées, le quart de la vinaigrette, l'oignon haché, le persil, le jus de citron et l'ail aux lentilles; incorporer sans écraser les lentilles. Corriger l'assaisonnement. Couvrir et réfrigérer, 12 heures.

Au moment de servir, couper en deux, évider et saler 4 grosses tomates; les farcir de salade de lentilles et les déposer sur des feuilles de laitue Boston.

Présenter le reste de la vinaigrette en saucière. (8 portions)

Les pommes au four

1 tasse (250 ml) de jus de pomme
½ tasse (125 ml) de cassonade
6 grosses pommes
¼ tasse (50 ml) de chapelure de biscuits ou de gâteau,
  préférablement au gingembre
¼ tasse (50 ml) de noix de Grenoble, hachées et rôties
¼ tasse (50 ml) de dattes, dénoyautées et hachées
1 tasse (250 ml) de crème fouettée

Préchauffer le four à 400° F (200° C).
Faire fondre la cassonade dans le jus de pomme à feu doux.
Peler soigneusement les pommes de la queue jusqu'au tiers; enlever les trognons.
Mélanger la chapelure, les noix et les dattes et en farcir les pommes; les disposer dans une casserole et les arroser de sirop de pomme.
Cuire au four, à découvert, 45 minutes, en arrosant souvent de leur jus de cuisson. Servir accompagnées de crème fouettée et de biscuits au gingembre. (6 portions)

Les poires à la cardamome

4 poires, pelées, trognons enlevés et coupées en 8 morceaux
2 c. à soupe (25 ml) de cassonade
¼ tasse (50 ml) de liqueur à l'orange
¾ c. à thé (4 ml) de cardamome moulue
½ tasse (125 ml) de crème fouettée, parfumée à la liqueur
  à l'orange

Chauffer le four à 375° F (190° C).
Disposer les poires dans une casserole peu profonde. Saupoudrer de cassonade, puis verser la liqueur à l'orange et la cardamome. Cuire au four, 20 à 30 minutes, à 375° F (190° C), jusqu'à ce que les poires soient tendres. Laisser refroidir à la température de la pièce, puis au réfrigérateur, 15 minutes, avant de servir.
Ajouter 1 c. à soupe (15 ml) de liqueur à l'orange à la crème fouettée pour la parfumer. Servir dans des coupes à dessert, garnir de crème fouettée. (4 portions)

La cuisine du

Cancer

sécurisante, gourmande, inspirée

22 juin - 22 juillet

Le Cancer

Vit-il vraiment dans la Lune? On l'accuse facilement de distraction, même de froideur. On dit du Cancer qu'il vit au rythme de la Lune et des marées et il a la réputation de vivre dans ses rêves plutôt que dans la réalité. Émotif, il est d'humeur très changeante et capable, il est vrai, d'inexplicables bouderies.

Le natif du Cancer n'est pas toujours très typé. Parfois les bras et les jambes paraissent presque trop longs, les pieds et les mains minuscules ou trop grands, ou les formes sont arrondies, confortables. Les traits du Cancer sont toujours très mobiles et très expressifs, le front souvent bombé, et son rire, contagieux. Le regard est très doux, rêveur, secret.

Parfois maladroit au premier contact, il a besoin de se sentir à l'aise pour que s'établisse la communication. Vous avez raison, il est là sans toujours y être vraiment, et c'est à se demander s'il n'est pas champion de la résistance passive. Timide et réservé, le Cancer n'est jamais impulsif dans ses attachements. Il croit à la qualité et à la profondeur des sentiments. Il ne craint pas le quotidien, seulement l'usure et l'indifférence. Et il n'oublie rien.

De nature plutôt sédentaire, tenace, persévérant, il prend son travail très au sérieux. Par besoin de sécurité, et parce qu'il a peur du lendemain, le Cancer a généralement le sens de l'épargne et ne tolère pas le gaspillage. Il ne jette rien, récupère et transforme les objets au gré de son imagination, et il en a beaucoup!

S'il se sent en confiance et totalement accepté, il est heureux. Il a besoin de calme, de tendresse, de continuité et surtout d'être rassuré. Son émotivité le prédisposerait à l'obésité et les femmes de ce signe auraient tendance à compenser leurs déceptions sentimentales en abusant de sucreries et de pâtisseries.

Ses points faibles sont la poitrine, l'estomac et le système digestif, la vésicule biliaire, les genoux, les reins, la vessie et la peau. Nerveux, inquiet et bien secret, le Cancer serait sujet aux ulcères d'estomac et, quand il souffre d'angoisse, à l'asthme et à la tachycardie.

Mais non, il ne boude pas tout le temps! J'en connais même de dangereusement joyeux! Prenez le temps de l'apprivoiser: il sait s'arrêter et comprendre, aller au fond des choses. Il partage même certains de ses rêves avec ceux qu'il aime...

Le Cancer et la cuisine dans sa vie quotidienne

Le Cancer n'est vraiment heureux que chez lui, qu'à partir du moment où il rentre chez lui. Il est enfin en sécurité et en intimité; ici, il peut vivre, aimer, se reposer.

Son intérieur est un refuge où il trouve le calme, la douceur et la tendresse. Il aime les atmosphères feutrées, portes et fenêtres closes. Il accorde peu d'importance aux apparences et on dit que, laissé à lui-même, il aurait tendance à vivre dans le désordre ou dans un intérieur aménagé pour les autres. Pourtant, il s'entoure d'objets utiles et affectifs et ne jette jamais ses vieilles choses.

Le natif du Cancer a besoin de beaucoup de repos et de sommeil. Il arrive difficilement à vivre au rythme de la société contemporaine. Il dort beaucoup, longtemps; le sommeil et le rêve ont autant d'importance pour lui que la nourriture.

Toujours inquiet, le Cancer souffre d'insécurité. Il ne se contente pas de ne rien jeter, il ramasse comme un écureuil! Même une fois sa situation financière assurée, il continue à ramasser et à faire des réserves. Ça s'est déjà vu, la famine! Un Cancer emprunter une tasse de sucre chez un voisin, jamais! Ces gens-là accumulent d'incroyables réserves de nourriture, sous leur lit, dans leur garde-robe, un peu partout dans la maison. Sérieusement! Et le Cancer ne tolère pas qu'on jette ou qu'on gaspille la nourriture; il ne gaspille pas, lui!

Il aime et adore la cuisine. Gourmand, gourmet, ses dons de cuisinier sont légendaires. Il fait des expériences, transforme, recrée; il est souvent génial! Le Cancer n'hésite jamais à prendre le chemin le plus long et peut-être finalement le plus agréable. Il n'utilise pas ces fades préparations commerciales, sachets ou autres, à peine bonnes à économiser du temps. Le Cancer fait de la vraie cuisine; il sait que le repas est partage et tendresse. La bonne soupe, vous connaissez? Et ses talents de pâtissier; vous savez, ces trop bonnes choses qui vous font grossir juste à les regarder!

C'est en famille que le Cancer aime prendre ses repas. Il est à l'aise et en confiance, il cherche à faire plaisir; il gâte beaucoup les siens. On parle souvent de l'instinct maternel des natifs du Cancer, hommes et femmes; ils savent peut-être nous apprendre à croire aux lendemains heureux et à la magie de nos rêves. Un nid, tout bon, tout chaud, vous saisissez? C'est parfois bien pénible d'en sortir et de découvrir qu'on n'est peut-être pas le centre de l'univers...

Le Cancer et la cuisine dans sa vie sociale

Plus que casanier, le Cancer est pantouflard. Je n'irais pas jusqu'à dire qu'il ne sort jamais. Mais vous le verrez rarement prendre un pot avec ses collègues après le travail, il éprouve trop de plaisir à rentrer chez lui.

Il sort en famille et c'est bien rafraîchissant. Ses enfants sont bien mis, bien élevés et font rarement le désespoir des serveurs. Oui, ils sont beaux à voir et à entendre. Vous vous demandez lequel des parents est Cancer! Celui qui indique du regard l'ustensile à prendre et qui veille à ce que le repas se passe bien; celui, surtout, qui regarde ses enfants béat d'admiration et de ravissement.

Le Cancer ne tolère jamais la brusquerie ou l'impolitesse; il ne mange que là où le service est présentable et la cuisine excellente.

Vous songez à l'inviter et vous hésitez. Invitez toujours! Sachez que s'il fuit les mondanités, c'est qu'il se sent incapable de jouer le jeu des relations. On prétend parfois qu'il n'a pas le don de la parole. Il n'aime pas parler de tout et de rien, faire la conversation pour impressionner, ou parler de ce qu'il ne connaît pas.

Surtout, il a besoin de se sentir en confiance. Le Cancer fréquente avec plaisir ses amis intimes et sa famille. Et il n'arrive jamais les mains vides; il vous aura peut-être préparé un de ses dangereux desserts! Il sait être un invité affable et cherche à faire plaisir. Et il a le don de se choisir des amis qui font aussi bien la cuisine que lui. Il adore parler cuisine et préparation; spécialiste de la conservation des aliments, il connaît les meilleures recettes de marmelades et de confitures, les plus folles marinades.

S'il a emmené ses enfants, ils demanderont à aller dormir. Le Cancer leur a appris au berceau l'importance du rêve et du sommeil. Ses enfants vont sagement dormir pendant que les adultes font la fête, et le Cancer ira préparer leur sommeil en leur racontant une histoire; bien sûr, il l'inventera!

Rare privilège et rare permanence que d'être l'ami d'un Cancer, vous le savez bien. Et j'ai des amis Cancer qui ne boudent jamais et je ne connais de leurs humeurs changeantes que leurs très bons côtés et surtout leur sens de l'humour parfaitement loufoque. S'ils sont parfois distraits c'est qu'il leur arrive d'entendre plusieurs conversations en même temps, ils savent même entendre les silences... Surtout, ils savent être là, même absents.

Quand le Cancer reçoit

Désolée, le Cancer n'invite pas n'importe qui chez lui. C'est son droit absolu d'oser choisir ses amis et ses proches. Et il prend tout son temps, il ne s'engage pas à la légère. Mais quel compliment, quelle chaleur de se sentir aussi complètement, aussi totalement accepté!

C'est lui le spécialiste des fêtes de famille. Il sait si bien gâter et entourer les siens. Toutes ces réserves qu'il accumule, il faut bien que ça serve à quelque chose! Alors il gâte, il enveloppe les siens de ses attentions et de sa tendresse.

Les fêtes de famille, vous connaissez? Le Cancer a une mémoire phénoménale. Il n'a pas besoin d'un petit carnet pour se rappeler les anniversaires! C'est un grand sentimental et il s'attache profondément aux gens et aux choses.

Les traditions et les folklores de famille n'ont pas de secret pour lui. Petits détails et petites attentions, comme des secrets partagés. Il se fait un devoir de connaître les goûts et les préférences des siens.

Sa table est agréable, intime; toujours intime. Il n'a pas un très gros appétit, mais il est souvent gourmand pour le plaisir. Petit conseil: ne critiquez jamais sa cuisine, elle est d'ailleurs excellente. Ne suggérez pas un assaisonnement légèrement différent ou une présentation nouvelle. Et cachez-lui les talents de cuisinière de votre mère, de grâce! Le Cancer ne souffre pas la critique ou les comparaisons qui lui donnent l'impression d'être rejeté. Il a toujours besoin d'être rassuré. Cuisinier génial, il doute peut-être de ses talents. Rassurez-le à répétition, il mérite bien ça!

Le Cancer a besoin de s'entourer de gens heureux, équilibrés. S'il fuit d'instinct les gens tristes, déprimés ou malades, c'est peut-être de savoir trop bien être un ami. Il prend sur lui-même et intériorise les problèmes des autres jusqu'à les faire siens. Soyez bon pour lui; ne le déprimez pas à plaisir. Soyez heureux; c'est plus facile. Ne provoquez pas ses humeurs changeantes dont on parle tant.

N'oubliez surtout pas de vider votre assiette; il y tient. Oui, trempez votre pain dans la sauce qu'il n'en reste pas une goutte! Autrement, il s'inquièterait. Il est des mauvaises langues qui prétendent que l'alcool et les stimulants lui seraient nocifs et risqueraient de devenir une habitude de fuite; faut-il croire les mauvaises langues!

Le Cancer ne vous laissera pas partir sans vous chouchouter et vous dorloter. S'il pleut, il vous prêtera son parapluie. Et s'il fait un peu froid, il vous emmitouflera un peu trop.

Le Cancer et la cuisine de conquête

Ah! Que d'hésitations! Les miennes, celles du Cancer surtout. C'est qu'il n'est pas conquérant de nature, le Cancer! Et il a la pudeur de ses sentiments et de ses actes. D'ailleurs, est-on conquérant quand on se sait mal à l'aise d'affronter l'inconnu et qu'on peut vivre de belles, de folles aventures en rêve sans se blesser?

Vous le savez bien, tout le monde n'est pas conquérant avec un égal bonheur. On parle même de plus en plus, et de mieux en mieux, d'un retour à certaines valeurs traditionnelles. Le Cancer aimerait bien!

Vous ne le connaîtrez pas dès les premiers instants, n'y comptez pas. S'il est ému, il sera probablement maladroit. Je sais, ce regard si rêveur, si profond... Et ce rire trop contagieux... Puis il deviendra triste ou tout simplement ours. Charmant! Très vite, vous ne saurez plus sur quel pied danser. Il ne vous dira pas non plus que vous l'intéressez, il n'a pas eu le temps d'y réfléchir. Patience!

Il ne vous invitera pas chez lui comme ça; on n'entre pas chez lui comme dans un moulin. Puis, un jour, il vous proposera de venir voir ses gravures. Oui, ça se fait encore. Ce n'est pas très courant, mais ça se dit et ça se voit encore. Petit problème, c'est vraiment pour vous les montrer qu'il vous invite! Vous qui pensiez que, peut-être... Patience!

S'il décide de vous faire la cuisine, c'est déjà autre chose. Il vous servira un repas dont il connaît tous les secrets et qu'il ne risque pas de manquer. Il a pourtant de sérieux talents de cuisinier; vous saurez me le dire! C'est qu'il a un peu peur de ne pas vous plaire. Il ne vous en dira rien, à vous de deviner et de le rassurer. Je vous fais confiance. Sachez que s'il oublie quelque chose à la cuisine, vous l'impressionnez beaucoup! Allons, rassurez-le!

Une fois à l'aise et en confiance, le Cancer sait être si charmant, si tendre, si drôle, et même poétique. Vous savez un peu rêver au moins! Je sais, il est un peu passif. Et cette pudeur! Il ne passera probablement pas aux actes si vous ne l'encouragez pas un peu, et encore... C'est un tendre et un doux, un timide et un inquiet.

Le Cancer se sait vulnérable, capable d'attachements absolus, permaments. Ne jouez pas avec ses sentiments! Il est peut-être déjà amoureux de vous. S'il vous propose de vous présenter à sa mère, il l'est sûrement.

Et si c'était le bonheur qu'il a à vous offrir? Parce que quand un Cancer parle de bonheur, c'est très sérieux et permanent!

Les plantes et les végétaux du Cancer

Algues et toutes les plantes aquatiques, ail, avocat, belle-de-nuit, cactus, caroube, champignon, chou, citron, coloquinte, concombre, coquelicot, courge, cresson, endive, fraise, hysope, ipéca, iris, laitue, mélisse, oignon, persil, potiron, pourpier, raisin, romarin, santal, saxifrage, trèfle, violette.

Sa plante-talisman est la mélisse dont on dit qu'elle a des effets euphorisants et tranquillisants.

Le Cancer a besoin d'iode qui active la glande thyroïde. Sont riches en iode : les fruits de mer, les huîtres, les oursins et tout ce qui est à base d'algues, le cresson, le chou, l'ail, l'oignon et le raisin.

Le Cancer a aussi besoin de phosphore qui aide au bon fonctionnement des cellules nerveuses. Sont riches en phosphore : le blé, l'ail, le céleri, les raisins secs, les oignons, les lentilles et les poissons, et surtout, les produits laitiers, les tomates, les abricots, les pommes et les céréales.

Prédisposé à l'obésité, le Cancer doit faire attention à sa ligne. L'eau de mer et le bord de la mer lui sont bénéfiques s'il sait ne pas abuser du soleil. Sa peau sensible brûle facilement.

Le natif du Cancer a besoin de beaucoup de sommeil. Les produits laitiers, la laitue, le persil lui aideront à trouver le repos et à se débarrasser des toxines.

Les recettes du

Cancer

La crème de carottes aux petits pois
Les avocats au concombre et au poulet
Les escargots au beurre
Les cuisses de grenouille à l'espagnole
Le curry aux crevettes et aux pétoncles
La quiche aux poireaux et au fromage
Les poulettes à la bière
Le boeuf au paprika
Le chou braisé au vermouth et aux pacanes
Les beignets aux pommes
Les muffins à la crème sure et à l'orange

La crème de carottes aux petits pois

¼ tasse (50 ml) de beurre
1 lb (500 g) de carottes, râpées
1 tasse (250 ml) d'oignons verts, émincés
8 échalotes, émincées
1 pomme de terre moyenne, pelée et finement hachée
1 gousse d'ail, émincée
1 c. à thé (5 ml) d'estragon
1 c. à thé (5 ml) de cerfeuil
½ c. à thé (2 ml) de marjolaine
¼ c. à thé (1 ml) de thym
8 tasses (2 l) de bouillon de poulet

1 tasse (250 ml) de crème à fouetter
1 ¼ tasse (300 ml) de petits pois, cuits
sel et poivre, frais moulu

Faire fondre le beurre dans une grande marmite. Ajouter les carottes, les oignons verts, les échalotes, la pomme de terre, l'ail, l'estragon, le cerfeuil, la marjolaine et le thym. Couvrir et cuire à feu moyen, 10 à 15 minutes, en remuant de temps à autre. Verser le bouillon de poulet et porter à ébullition; bouillir ainsi, 15 minutes.

Passer la soupe au mélangeur et la verser dans la marmite.

Réchauffer à feu très doux, ajouter la crème et les pois; ne pas porter au point d'ébullition. Saler et poivrer. Servir dans des bols chauds.

(6 à 8 portions)

Les avocats au concombre et au poulet

2 avocats

Vinaigrette
1 oeuf
¼ tasse (50 ml) de jus de citron
1 c. à thé (5 ml) de moutarde de Dijon
1 ¼ tasse (300 ml) d'huile végétale
¼ tasse (50 ml) de sauce anglaise
¼ tasse (50 ml) de brandy
sel et poivre, frais moulu

Salade

2 tasses (50 ml) de poulet cuit, coupé en dés
2 concombres, pelés, coupés en deux dans le sens de la longueur,
   vidés de leurs graines et tranchés
2 c. à thé (10 ml) de persil frais, haché
la moitié de la vinaigrette

Présentation

laitue émincée, sections d'orange ou de mandarine

Mélanger dans un bol l'oeuf, le jus de citron et la moutarde; verser l'huile lentement, en battant sans arrêt. Incorporer la sauce anglaise et le brandy. Saler et poivrer.

Mélanger dans un bol le poulet, les concombres, le persil et la moitié de la vinaigrette.

Couper les avocats dans le sens de la longueur, les dénoyauter et les frotter de jus de citron, puis les farcir du mélange de poulet et de concombre. Servir sur un lit de laitue émincée et garnir de sections d'orange ou de mandarine. Présenter le reste de la vinaigrette dans une saucière.

(4 portions)

Les escargots au beurre

36 escargots en conserve
36 coquilles
1 c. à soupe (15 ml) de beurre
½ tasse (125 ml) d'oignon haché
1 tasse (250 ml) de vin rouge sec
½ tasse (125 ml) de cognac

1 tasse (250 ml) de beurre, à la température de la pièce
8 gousses d'ail, émincées
5 échalotes, émincées
2 c. à thé (10 ml) de persil frais, émincé
1 c. à thé (5 ml) de jus de citron
1 c. à thé (5 ml) de vin blanc sec
1 c. à thé (5 ml) de sel
1 c. à thé (5 ml) de poivre, frais moulu

Rincer et égoutter les escargots. Faire fondre 1 c. à soupe (15 ml) de beurre dans une marmite, à feu moyen. Ajouter l'oignon et cuire jusqu'à ce qu'il soit tendre. Ajouter le vin, le cognac et les escargots et cuire à feu très doux, 10 minutes. Laisser les escargots refroidir dans le liquide.

Chauffer le four à 400° F (205° C).

Mélanger tous les autres ingrédients; dans chaque coquille, déposer ½ c. à thé (2 ml) de beurre assaisonné, puis un escargot et la même quantité de beurre assaisonné. Cuire au four, à 400° F (205° C), 5 à 8 minutes et servir immédiatement.

(6 portions)

Les cuisses de grenouille à l'espagnole

½ tasse (125 ml) de vin blanc sec
8 grains de poivre
2 gousses d'ail, écrasées
1 c. à soupe (15 ml) d'huile d'olive
1 c. à soupe (15 ml) de persil frais, haché
½ c. à thé (2 ml) de thym
3 c. à soupe (50 ml) de jus de citron
sel
10 ou 12 paires de cuisses de grenouille moyennes

poivre, frais moulu
farine
2 oeufs, légèrement battus
chapelure

huile à friture

Déposer les cuisses de grenouille dans un grand bol, mélanger les 8 premiers ingrédients et verser sur les cuisses de grenouille. Couvrir et réfrigérer; laisser mariner, 12 heures.

Égoutter et sécher les cuisses de grenouille. Saler et poivrer; les enfariner légèrement; les tremper dans les oeufs battus, puis recouvrir de chapelure.

Verser ½ pouce (1 cm) d'huile dans un poêlon épais et chauffer à 375° F (190° C). Frire les cuisses, 5 ou 6 à la fois, jusqu'à ce qu'elles soient bien dorées. Égoutter sur du papier absorbant et servir, bien chaudes, au moment de l'apéritif.

Compter au moins deux cuisses par portion.

Le curry aux crevettes et aux pétoncles

36 crevettes de grosseur moyenne, décortiquées
1 lb (500 g) de pétoncles

2 c. à thé (10 ml) de beurre
3 oignons verts, émincés
2 gousses d'ail, émincées
poudre de cari, au goût
3 tasses (750 ml) de crème à fouetter
1 tasse (250 ml) de vin blanc sec

sel et poivre, frais moulu
poudre de cari, au goût
2 c. à soupe (25 ml) de beurre
1 c. à soupe (15 ml) de persil frais, émincé
riz cuit

Faire fondre 2 c. à thé (10 ml) de beurre dans un poêlon, ajouter les oignons verts, l'ail et la poudre de cari et cuire, 1 minute, à feu moyen. Ajouter la crème et le vin et cuire, 5 minutes, en brassant sans arrêt pour faire épaissir la sauce. Retirer du feu.

Saler, poivrer et saupoudrer de cari les crevettes et les pétoncles. Faire fondre 2 c. à soupe (25 ml) de beurre dans un poêlon et cuire les crevettes et les pétoncles, à peu près 2 minutes; retirer les crevettes et les pétoncles du poêlon et y verser la sauce et la faire épaissir dans le jus de cuisson des crevettes et des pétoncles, 2 ou 3 minutes. Ajouter les crevettes et les pétoncles à la sauce, puis le persil; bien incorporer. Servir immédiatement sur un lit de riz.

(6 à 8 portions)

La quiche au poireau et au fromage

3 tasses (750 ml) de poireau, lavé, séché, tranché finement
1 tasse (250 ml) de lait
3 c. à soupe (50 ml) de carotte, coupée en dés
3 c. à soupe (50 ml) de céleri, haché
3 c. à soupe (50 ml) d'oignon, haché
1 feuille de laurier
sel d'herbes ou de légumes

2 c. à soupe (25 ml) d'huile végétale
1 c. à soupe (15 ml) de farine
1 ½ tasse (375 ml) de fromage gruyère, râpé
½ c. à thé (2 ml) de moutarde sèche
2 c. à soupe (10 ml) de crème sure
fromage parmesan
1 abaisse de pâte brisée, précuite dans une assiette à quiche de
10 pouces (25 cm)

Préchauffer le four à 375° F (190° C).

Faire bouillir le poireau dans une eau légèrement salée, 2 minutes; égoutter et assécher.

Verser le lait, les carottes, le céleri, l'oignon, la feuille de laurier et le sel dans une casserole et porter à ébullition. Réduire la chaleur et cuire, sans bouillir, 5 minutes. Retirer du feu.

Mélanger la farine et l'huile dans une casserole et cuire à feu doux, 1 minute, puis retirer du feu. Verser le lait, en le passant, sur l'huile et la farine, puis bien mélanger.

Cuire à feu moyen, en brassant sans arrêt, jusqu'à ce que la sauce atteigne le point d'ébullition. Réduire la chaleur, incorporer la moitié du fromage gruyère et la moutarde et brasser pour faire fondre le fromage. Ajouter la crème sure, incorporer.

Verser un tiers de la sauce dans l'abaisse de pâte brisée, précuite; puis le poireau et le reste du fromage gruyère. Verser le reste de la sauce et saupoudrer de fromage parmesan.

Cuire au four, 20 minutes, ou jusqu'à ce que le dessus de la quiche soit bien doré.

(6 portions)

Les poulettes à la bière

¼ tasse (50 ml) de beurre
¼ tasse (50 ml) d'huile végétale
4 petits poulets, de type Rock Cornish, coupés en deux
10 échalotes, émincées
6 c. à soupe (90 ml) de gin

2 c. à soupe (25 ml) de farine
2 tasses (500 ml) de bière
2 c. à thé (10 ml) d'herbes de Provence

2 tasses (500 ml) de champignons, tranchés
1 tasse (250 ml) de crème sure, à la température de la pièce
riz brun ou riz sauvage, cuit

Faire fondre le beurre et l'huile dans un grand poêlon, à feu moyen. Ajouter les poulets et les faire dorer; les retirer du poêlon. Ajouter les échalotes et les faire dorer. Retirer le gras du poêlon, sauf 1 c. à soupe (15 ml). Déposer les poulets dans le poêlon, les flamber au gin, puis les retirer.

Délayer la farine dans ½ tasse (125 ml) de bière, puis verser doucement dans le poêlon en remuant sans arrêt. Ajouter le reste de la bière, les herbes et laisser mijoter quelques minutes. Ajouter les poulets, les napper de sauce, couvrir et cuire à feu doux, 45 minutes. Ajouter les champignons et cuire, 10 minutes. Retirer les poulets, retirer du feu et ajouter la crème sure.

Servir sur un lit de riz brun ou de riz sauvage et napper de sauce.

(8 portions)

Le boeuf au paprika

1 lb (500 g) de ronde, découpée en lanières
farine
4 c. à soupe (60 ml) de beurre
2 c. à soupe (25 ml) d'huile végétale
½ tasse (125 ml) d'oignon, émincé
2 tasses (500 ml) de crème à fouetter
2 c. à soupe (25 ml) de pâte de tomate
1 c. à soupe (15 ml) de paprika
sel et poivre, frais moulu

Enfariner légèrement les lanières de boeuf. Faire chauffer le beurre et l'huile dans un poêlon, à feu moyen. Ajouter le boeuf et le faire dorer, puis le retirer du poêlon.

Réduire la chaleur. Ajouter l'oignon et le faire dorer. Ajouter la crème, la pâte de tomate et le paprika, en mélangeant bien. Augmenter la chaleur et faire mijoter la sauce en remuant sans arrêt pour la faire épaissir. Ajouter le boeuf à la sauce et réchauffer. Ajuster les assaisonnements. Servir immédiatement sur un lit de nouilles au beurre.

(4 à 6 portions)

Le chou braisé au vermouth et aux pacanes

4 tasses (1 1) de chou, coupé en fines lamelles
3 c. à soupe (50 ml) de beurre
½ tasse (125 ml) d'oignon, tranché finement
½ c. à thé (2 ml) d'aneth
½ c. à thé (2 ml) de sel
poivre, frais moulu
½ tasse (125 ml) de pacanes, rôties

Faire fondre le beurre dans un poêlon, ajouter le chou et l'oignon et cuire 2 ou 3 minutes à feu moyen en brassant bien. Ajouter le vermouth et les assaisonnements et cuire, toujours à feu moyen, à peu près 5 minutes. Ajouter les noix de pacanes et servir bien chaud.

(6 portions)

Les beignets aux pommes

1 tasse (250 ml) de farine
½ c. à thé (2 ml) de sel
½ c. à thé (2 ml) de sucre
¾ tasse (175 ml) de bière
1 oeuf
2 c. à soupe (25 ml) de beurre, à la température de la pièce
huile à friture
sucre
3 c. à soupe (50 ml) de Calvados
3 pommes pelées, vidées, épépinées et coupées
   en tranches épaisses
1 blanc d'oeuf
2 c. à soupe (25 ml) de sucre
sucre en poudre

Incorporer les 3 premiers ingrédients, puis battre avec la bière, l'oeuf et le beurre. Passer le mélange en le versant dans un deuxième bol; laisser reposer à la température de la pièce, au moins 2 heures.
Préchauffer l'huile à friture à 375° F (190° C).

Saupoudrer généreusement une tôle à biscuits de sucre et y verser doucement le Calvados; enrober soigneusement les tranches de pommes de sucre et de Calvados.

Préchauffer le gril de votre four.

Battre le blanc d'oeuf en neige dans un petit bol et ajouter 1 c. à soupe (15 ml) de sucre, puis battre en neige ferme. Incorporer le blanc d'oeuf battu à la pâte qui sera très légère. Tremper les tranches de pommes, une à une, dans la pâte et frire, en grande friture, 5 ou 6 à la fois, jusqu'à ce qu'elles soient bien dorées.

Les égoutter soigneusement sur du papier absorbant, saupoudrer de sucre en poudre, les déposer sur une tôle à biscuits. Caraméliser légèrement sous le gril et servir.

(4 à 6 portions)

Les muffins à la crème sure et à l'orange

6 c. à soupe (90 ml) de beurre, coupé en morceaux
1 ½ tasse (375 ml) de sucre
1 oeuf
½ tasse (125 ml) de crème sure
¾ c. à thé (4 ml) d'extrait d'orange

1 ¼ tasse (300 ml) de farine
½ c. à thé (2 ml) de soda à pâte
½ c. à thé (2 ml) de sel
⅔ tasse (165 ml) de noix de Grenoble, hachées
3 c. à soupe (50 ml) de zeste d'orange, râpé
3 c. à soupe (50 ml) de jus d'orange

Chauffer le four à 375° F (190° C).

Graisser des petits moules à muffins. Battre en crème le sucre et le beurre, ajouter l'oeuf et bien battre. Incorporer la crème sure et l'extrait d'orange.

Tamiser ensemble la farine, le soda à pâte et le sel. Ajouter les noix, le zeste d'orange et le jus d'orange et bien incorporer. Cuire, à peu près 18 minutes, dans un four chauffé à 375° F (190° C).

(3 douzaines de petits muffins)

La cuisine du

Lion

variée, élégante,
raffinée

23 juillet - 23 août

Le Lion

Vous l'avez vu? La démarche est fière, digne; pourtant il glisse comme un chat. Une chevelure extraordinaire, la tête toujours portée bien haute, le regard insistant; une poignée de main bien ferme, le sourire facile et une si jolie voix quand il ne parle pas trop fort. Et il connaît tout le monde! Bien sûr, il est Lion.

Cordial, démonstratif, grégaire, il a toujours beaucoup d'amis, de copains, de connaissances et de relations. Oui, on sait qu'il est là. Jamais indifférent ni passif, il préfère être au coeur de l'action.

Vous me direz qu'il est arrogant, autoritaire, égoïste et capable de colères rugissantes. Je sais, j'en oublie. Je suis loin d'avoir épuisé vos réserves de protestations. Il vous fait peut-être un peu peur, ce Lion!

Conscient de sa valeur, de sa force et de son énergie phénoménales, le Lion a de l'assurance. Il se sent et se sait capable d'atteindre son but; pour lui, vouloir c'est pouvoir. Il sait être sa propre forteresse et s'engager dans l'action jusqu'au succès, parce qu'il tient à réussir, à arriver au but qu'il s'est fixé. Direct, il exprime clairement ce qu'il pense, ce qu'il veut, ce qu'il désire. Il ne déteste pas les compliments qu'il distribue avec beaucoup de générosité, d'ailleurs; il s'attend à la réciprocité. Et si vous ne savez pas comment, il vous l'apprendra!

Généreux, dévoué et d'une loyauté totale, le Lion tient à aider les autres. Il se sent responsable. Je sais, il prodigue facilement ses conseils et vous avez remarqué qu'il a souvent raison. C'est qu'il veut votre bien, le Lion! Allons, un peu de reconnaissance! N'allez surtout pas l'assommer des vôtres : il n'apprécie pas. Parce que vous voudriez le mettre en garde, vous avez l'impression qu'à tant se dépenser et à tant travailler il va s'épuiser et craquer. Vous perdez votre temps, la sagesse lui vient parfois trop tard.

C'est justement sa force, sa résistance et son énergie toujours renouvelables qui risquent de lui causer de graves problèmes d'usure.

Son point sensible est le coeur. Le Lion est sujet aux ennuis cardiaques et circulatoires, à l'hypertension. Viennent ensuite les épaules et le dos, la colonne vertébrale, les jambes, les chevilles et les yeux. Et s'il s'enroue et perd la voix, les mauvaises langues vous diront que c'est d'avoir trop parlé.

Faites-lui un peu confiance! Il vous apprendra peut-être la passion, le plaisir de vivre et de faire, la générosité, l'amitié et la loyauté.

Le Lion et la cuisine dans sa vie quotidienne

Le plat, le morne quotidien, dites-vous ! Le Lion ne comprend pas; il ne sait de quoi vous parlez. Il ne fuit pas le quotidien, il le fait. Il ne saurait pas se morfondre d'ennui; il vit, lui.

Il dort magnifiquement bien, se réveille frais et dispos, prépare son café et celui des autres, se prend une orange. Une perle ! Il mange, puis se met beau : il a l'élégance fière et déteste le débraillé.

Énergique, débrouillard, sa journée est déjà planifiée. Il ne se précipite pas, n'est jamais à bout de souffle et réussit à son travail. Il s'y donne d'ailleurs à fond, avec enthousiasme, et il vise à la perfection. Le Lion ne s'épuise pas facilement. Il ne vit pas entre quatre murs non plus.

Il verra beaucoup de monde, se déplacera pour son travail, mais il n'oubliera pas de manger. Attention, s'il a décidé de se mettre à la diète, il risque de manger encore plus. Il ne dira pas qu'il a envie de quelque chose, il dira plutôt : «J'aurais le goût de…» C'est qu'il goûte déjà. Et il aime tout; ma foi, il mange amoureusement !

Le Lion aime les poissons et les fruits de mer, les viandes blanches; il a un faible pour le porc, la cuisine italienne et a souvent la sagesse de manger beaucoup de fruits. Il voudrait bien se mettre à la diète, souvent d'ailleurs. Il vous le dira lui-même; il aime le monde et les sorties, faire la fête, recevoir… Et peut-on faire tout ça en buvant de l'eau minérale et en grugeant quelques petites feuilles de laitue ! Un Lion ne peut pas; il aurait l'impression de gêner les autres, de ne pas participer. Alors il se sacrifie, mange bien, souvent et beaucoup, et ne boit pas beaucoup d'eau minérale…

S'il lui arrive parfois d'avoir besoin de calme pour travailler, il ne supporte pas d'être isolé des autres pendant plus de quelques heures. Il a tendance à se reposer dans le mouvement; il sort beaucoup, mange souvent au restaurant, il apprécie les soirées animées, la danse, les spectacles. Finalement, il n'est pas très souvent chez lui.

Et quand il y est c'est la fête ou le repos en faisant la fête. Il sait s'attirer les autres comme un aimant, on vient beaucoup chez lui et il reçoit beaucoup. Il vit rarement seul; il aime et on l'aime. Et le Lion sait ne pas épuiser son partenaire de sa présence constante. Je parierais que son partenaire aussi !

Le Lion est heureux comme un roi en son royaume, surtout quand il reçoit; nous en reparlerons.

Le Lion et la cuisine dans sa vie sociale

Quoi, vous n'avez pas d'ami Lion! Je vous plains! Vous êtes peut-être casanier ou du genre à remettre une sortie parce qu'il pleut ou parce qu'il neige. Dommage! C'est si bien dans sa peau un Lion, et il prend un tel plaisir à faire la fête avec vous!

Et il se passe toujours quelque chose quand on mange au restaurant avec lui. Il est là pour s'amuser et profiter de votre compagnie, il ne montre aucune impatience, aucune agressivité et il sait s'attirer les bonnes grâces des serveurs. Il adore regarder les gens autour de lui; il se plaît à les imaginer pompiers ou doyens de faculté et à leur dessiner des personnalités, à se figurer leur vie. C'est plus agréable que de perdre patience parce que vos voisins de table sont trop bruyants ou que le service est lent! Vous aurez peut-être de la difficulté à le convaincre de vous laisser payer votre part; il aime être généreux!

Le Lion ne se fait pas prier pour sortir ni pour organiser sorties et soirées. Il connaît tant de gens! Chaleureux, sociable, expansif, il sera le premier à rompre la glace, à faire les présentations. C'est un invité charmant et il s'attirera bien des sympathies. Il sait détendre les atmosphères de groupe; en sa présence, on ne reste pas crispé longtemps.

Petit conseil, ne lui imposez pas la compagnie de gens ennuyeux et ne lui demandez pas de s'occuper de quelqu'un qui n'a rien à dire; il refuserait. Sachez que, s'il ne fuit pas les bavardages innocents, il est très attaché à ses amis, il les admire, en est fier et ils le lui rendent bien. Dangereuse imprudence que de s'attaquer ou d'en vouloir à quelqu'un qui est son ami; tenez-vous-le pour dit! Il ne peut tolérer la vulgarité et y répond généralement par la froideur et l'indifférence.

S'il est de vos amis, vous le savez, vos autres copains l'ont déjà adopté et réclament sa présence quand vous faites la fête. Et le Lion, toujours généreux de ses compliments, vous fera une réputation d'hôte et de cuisinier si parfait qu'on se mettra peut-être à rêver d'être invité à votre table. Il saura si bien dire combien vous savez réunir les gens les plus fascinants et les plus intéressants que vous n'oserez plus tomber dans la facilité.

À bien y penser, j'ai des amis Lion que je n'ai jamais entendus rugir et ils sourient toujours quand ils me racontent leurs rugissements...

Quand le Lion reçoit

Oui, sa maison est son royaume, jamais son refuge. Le Lion aime la lumière, l'espace et il sait s'organiser un intérieur agréable, confortable, digne de lui; il le préférerait peut-être plus luxueux, comme un vrai palais. Il ne laisse en général pas le désordre s'accumuler autour de lui au point de devoir déménager, il n'est pas non plus maladivement méticuleux.

On a parfois l'impression que sa porte reste ouverte, même quand il n'y est pas, tant il passe de monde chez lui. C'est qu'il gâte bien ses amis celui-là, et les amis de ses amis, et les connaissances des amis de ses amis... Vous voyez un peu le genre! Et vous vous demandez où il trouve le temps et l'énergie pour tant recevoir. Moi aussi!

Pourtant, lui ne se pose pas ce genre de questions. Il ne se complique pas la vie, il fait ce qu'il a à faire, ce qu'il aime faire. Il adore recevoir, c'est tout. Il est à peu près toujours le port d'attache de ses amis de l'extérieur et vous l'offenseriez beaucoup si vous alliez dormir à l'hôtel alors qu'on est si bien chez lui.

J'ai des amis Lion qui me reçoivent depuis vingt ans et je jure n'avoir jamais mangé deux fois la même chose chez eux. Sûr de lui et de ses moyens, le Lion ne s'en tient jamais à quelques petites recettes éprouvées et parfaitement maîtrisées, à moins de cas d'urgence; peut-être si l'Armée Rouge débarquait chez lui à l'improviste, et encore! Le Lion tente des expériences, essaie continuellement de nouvelles recettes qu'il réussit, d'ailleurs. Ne le lui dites pas, il a parfois des petits problèmes avec certains gâteaux; c'est un détail.

Méfiez-vous s'il vous invite à manger une petite salade, histoire de se reposer un peu l'estomac. Il aura oublié de vous parler des moules fumées si juteuses et du vin, de l'importance de la salade, des fromages et du vin, et du petit dessert exquis. Mais non, il n'a pas servi d'eau minérale; vous en avez contre l'excellent café bien fort!

Il y a quelque chose de princier dans la façon d'être et de recevoir du Lion: peut-être l'allure, peut-être le geste ou cette façon qu'il a de vous mettre à l'aise comme seuls savent le faire ceux qui ne manquent pas d'assurance. Vous n'aviez, bien sûr, pas compté les portes en entrant chez lui. Vous auriez peut-être dû. Quelques invités se lèvent pour partir, des gens sages probablement. Ah! vous n'aviez pas entendu les autres arriver! Mais la fête ne fait que commencer! Mais non, ne partez pas!

Le Lion et la cuisine de conquête

On dit que, pour faire la conquête d'un Lion, il suffit de savoir être son auditoire et que, de toute façon, avec lui, l'occasion ferait toujours le larron. Ce n'est pas si simple.

Populaire depuis sa tendre jeunesse, il s'attire sans effort l'attention et l'affection des autres. Il se sait conquérant et s'attend d'ailleurs au succès. Loin d'être aveugle aux occasions qui s'offrent si facilement à lui, le Lion a même le regard plutôt voyageur et allume ainsi beaucoup d'espoirs, il faut le dire.

Il s'engage à fond dans tout ce qu'il entreprend et ne tolérerait pas de vivre des aventures qui n'en sont pas. Peut-on le blâmer de choisir et même d'élire! Il est très populaire... oui, il lui arrive de prétendre l'ignorer.

Conquérant et bon prince, irrésistible et passionné, vous comprendrez bien vite que s'il s'intéresse à vous c'est que vous êtes peut-être la huitième merveille du monde. Devenez-le; à tout le moins, inspirez-le, provoquez son imagination. Vous pourriez peut-être vous contenter d'être extraordinaire ou tout simplement un être d'exception...

Il est si beau et il brille de tous ses feux quand il est presque amoureux! Le Lion conquérant cherche, bien sûr, l'amour et, s'il doit se contenter de l'aventure, il y laissera peut-être un peu de son coeur; le dira-t-il? Peut-être pas, mais il saura vous faire comprendre combien votre rencontre est spéciale.

Il vous servira une cuisine élégante, raffinée : bougies, musique de chambre et rose rouge. Non, ce n'est pas du cinéma; c'est ainsi qu'il fait les choses. Les choses bien faites, ça a son charme et le lion sait avoir la tête de l'emploi! Les arpèges du prélude par quelqu'un qui sait y faire, le sens du détail et des attentions gentilles; c'est même rare, hélas!

Café, cognac et confidence; vous avez tout votre temps. Il se racontera sans doute beaucoup. Il cherche votre respect, votre admiration et au moins quelques petits compliments. Il vous fera vous raconter; vos rêves, vos ambitions, vos buts l'intéressent. Et vous rirez facilement, beaucoup même. Le Lion est attiré par l'humour, la compréhension et la gentillesse; surtout, il a un profond respect de l'intelligence des autres.

On le dit amant passionné, impulsif, impétueux et zélé. Inoubliable! Reviendrez-vous sur terre...

Les plantes et les végétaux du Lion

Tous les agrumes surtout oranger et citronnier, angélique, armoise, arnica, aubépine, avoine, blé, cannelle, centaurée, cresson, dattier, figuier, grenadier, héliotrope, laurier, lavande, lierre, maïs, muscade, noisetier, orge, origan, palmier, pavot, pimprenelle, pissenlit, riz, romarin, safran, thé, thym, tournesol.

Sa plante-talisman est l'aubépine, elle a des propriétés calmantes et hypotensives.

Le Lion a besoin de magnésium qui retarde le vieillissement et la perte de vitalité. Sont riches en magnésium : le blé, le pain complet, l'avoine, l'orge, le maïs, le pollen, les dattes, le miel, les épinards et tous les légumes verts, les arachides, les noix, les fruits de mer et le thon.

Le Lion a aussi besoin de soufre qui aide à la formation des tissus et à la synthèse des collagènes. Sont riches en soufre : le son, le fromage, les oeufs, les noix, le germe de blé, les palourdes, les poissons, le cresson, le chou, les pignons, les figues, les agrumes et les abricots.

Le Lion qui sort beaucoup et mange tout autant aurait intérêt à manger plus légèrement, à absorber des viandes blanches ou grillées, beaucoup d'agrumes et à préférer le vin blanc réputé plus léger que le rouge.

Les cures à la gelée royale le stimuleraient en période de fatigue et de tension, et les bains chauds au thym et au romarin le calmeraient. Et pour ses yeux qui se fatiguent facilement, on lui conseille d'utiliser le thé ou le lierre en compresses tièdes.

Les recettes du

Lion

La soupe minestrone
Les olives marinées
Les oeufs farcis au cresson
Les moules à la nage
Les pétoncles à la sauce moutarde
La longe de porc, sauce aux fruits
Le poulet au citron
Le spaghetti aux asperges
Les pommes de terre à l'oignon et au basilic
La salade de zucchini
Les oranges à l'Amaretto et au fromage blanc
Le pain aux dattes et au marsala

La soupe minestrone

¼ tasse (50 ml) de fèves blanches
1 tranche de bacon, coupée en dés
1 tasse (250 ml) de zucchini, coupé en dés
½ tasse (125 ml) d'aubergine pelée, coupée en dés
½ tasse (125 ml) de poireau, haché
½ tasse (125 ml) de fenouil, haché
½ tasse (125 ml) d'oignon, haché
¼ tasse (50 ml) de céleri, haché
2 c. à soupe (25 ml) de carotte, hachée
8 tasses (2 1) de bouillon de boeuf
½ tasse (125 ml) de vin blanc sec
3 tomates, pelées, vidées et coupées grossièrement
½ tasse (125 ml) de pomme de terre, coupée en cubes
½ c. à thé (2 ml) de pâte de tomate
½ tasse (125 ml) de pâtes cuites
¼ tasse (50 ml) de persil, haché
2 c. à thé (10 ml) de basilic, écrasé
2 gousses d'ail
½ c. à thé (2 ml) d'origan, écrasé
sel et poivre, frais moulu

Couvrir les fèves d'eau froide et les faire tremper, 12 heures. Jeter l'eau de trempage, couvrir d'eau et porter à ébullition, faire mijoter jusqu'à ce qu'elles soient tendres.

Égoutter.

Faire dorer le bacon dans une grande marmite. Ajouter le zucchini, l'aubergine, le poireau, le fenouil, l'oignon, le céleri et la carotte; puis le bouillon, le vin, les tomates, les pommes de terre et la pâte de tomate et laisser mijoter 30 minutes. Ajouter les fèves et les pâtes, puis les assaisonnements. Servir dans des bols chauds.

(6 à 8 portions)

Les olives marinées

4 tasses (1 1) d'olives noires
le zeste de deux citrons
10 grosses gousses d'ail, coupées en quatre
1 oignon, tranché
8 filets d'anchois
2 c. à thé (10 ml) de romarin, écrasé
1 c. à thé (5 ml) d'origan, écrasé
1 c. à thé (5 ml) de graines de fenouil
½ c. à thé (2 ml) de thym, écrasé
huile d'olive

Ne pas utliser un contenant d'aluminium.

Avec la pointe d'un couteau, pratiquer une fente sur chaque olive.

Mélanger les fines herbes et déposer les olives en rangs en assaisonnant chaque fois de zeste de citron, d'oignon, d'ail, d'anchois et d'herbes. Couvrir d'huile d'olive et mettre le contenant dans un endroit frais, à l'abri de la lumière, au moins une semaine avant de servir.

Ne pas jeter l'huile d'olive, l'utiliser pour assaisonner les viandes avant de les griller.

Donne 1 litre d'olives marinées

Les oeufs farcis au cresson

6 oeufs durs
½ tasse (125 ml) de beurre
1 c. à soupe (15 ml) d'échalote, finement émincée
1 ½ c. à thé (7 ml) de jus de citron
1 tasse (250 ml) de cresson, lavé, séché et finement émincé
¼ c. à thé (1 ml) de poivre, frais moulu
sel
olive farcie, finement tranchée

Couper les oeufs en deux et en retirer les jaunes.

Incorporer le beurre, les jaunes d'oeufs, les échalotes et le jus de citron au mélangeur; ajouter le cresson et le poivre. Éviter de trop mélanger. Saler au goût.

Déposer dans les blancs d'oeufs et réfrigérer.

Garnir d'une fine tranche d'olive farcie au moment de servir.

(6 portions)

Les moules à la nage

Une cinquantaine de moules
2 c. à soupe (25 ml) de sel
1 poireau, lavé et émincé
1 oignon moyen, émincé
2 gousses d'ail, émincées
1 ½ tasse (375 ml) de vin blanc
1 tasse (250 ml) d'eau
2 c. à thé (10 ml) de sel
1 c. à thé (5 ml) de poivre, frais moulu
½ tasse (125 ml) de beurre, coupé en morceaux
2 grosses tomates, pelées, épépinées, drainées et
   coupées en morceaux grossiers
1 c. à soupe (15 ml) de persil frais, haché

Laver les moules à l'eau froide et jeter celles qui seraient déjà ouvertes. Les déposer dans un grand bol, couvrir d'eau et ajouter 2 c. à soupe (25 ml) de sel; laisser reposer, 30 minutes. Ensuite bien nettoyer les moules, les rincer à l'eau froide courante et les égoutter.

Déposer les moules dans une grande casserole, ajouter le poireau, l'oignon, l'ail, le vin blanc, l'eau, le sel et le poivre. Couvrir et cuire à feu très chaud, 10 minutes; découvrir la casserole à la moitié de la cuisson et remuer les moules pour déplacer vers le dessus celles qui sont déjà ouvertes. Déposer les moules dans un plat de service, jeter celles qui refusent d'ouvrir. Faire bouillir le jus de cuisson, 3 minutes; réduire la chaleur et ajouter le beurre. Incorporer les tomates, saler et poivrer au goût; verser sur les moules et garnir de persil.

(4 portions)

Les pétoncles à la sauce moutarde

½ tasse (125 ml) de vin blanc sec
½ tasse (125 ml) de jus de palourdes
2 c. à soupe (25 ml) de moutarde de Dijon
¼ tasse (50 ml) de crème à fouetter
1 lb (500 g) de pétoncles
farine
2 c. à soupe (25 ml) de beurre
2 c. à soupe (25 ml) d'huile végétale

Porter le jus de palourdes et le vin blanc à ébullition, ajouter la moutarde, bien incorporer.

Réduire la chaleur et ajouter la crème, laisser mijoter doucement en remuant, 15 minutes, pour réduire la sauce.

Enfariner légèrement les pétoncles. Faire chauffer l'huile et le beurre dans un poêlon à feu moyen et faire dorer les pétoncles. Jeter le surplus de gras et ajouter la sauce au pétoncles, laisser mijoter doucement, 10 minutes.

Servir sur du riz.

(4 portions)

La longe de porc, sauce aux fruits

Longe de porc de 4 lb (à peu près 2 kg)
½ tasse (125 ml) d'abricots secs
½ tasse (125 ml) de pruneaux dénoyautés
2 c. à soupe (25 ml) de sauce soya
3 gousses d'ail émincées
poivre, frais moulu
moutarde sèche
½ tasse (125 ml) de vermouth
½ c. à thé (2 ml) de thym, écrasé
½ tasse (125 ml) de crème à fouetter

Préchauffer le four à 450° F (240° C).

Déposer les abricots et les pruneaux dans une petite casserole, couvrir d'eau et cuire à feu doux, 20 minutes. Égoutter les fruits puis les passer au mélangeur pour les réduire en purée.

Enduire le porc de sauce soya, saupoudrer de moutarde sèche, de poivre et d'ail. Cuire au four, à découvert à 450° F (240° C) 15 minutes, puis réduire la température à 350° F (180° C) et cuire, 2 heures. Déposer le porc dans un plateau de service.

Mesurer ¼ tasse (50 ml) des jus de cuisson (non, ne jetez pas le reste; conservez-le au réfrigérateur, vous l'utiliserez après l'avoir dégraissé), ajouter le vermouth et déglacer à feu moyen. Ajouter la purée de fruits, le thym et la crème. Chauffer sans bouillir.

Servir le porc en tranches très minces, nappé de sauce.

(6 à 8 portions)

Le poulet au citron

Marinade
2 c. à soupe (25 ml) d'huile végétale
1 c. à soupe (15 ml) de sauce soya
2 c. à thé (10 ml) de sherry
poivre, frais moulu

4 demi-poitrines de poulet, désossées et battues
à ½ pouce (1 cm) d'épaisseur
fécule de maïs

Sauce au citron
¾ tasse (175 ml) d'eau
3 c. à soupe (50 ml) combles de sucre
2 c. à soupe (25 ml) de sauce anglaise
3 c. à soupe (50 ml) de jus de citron
1 c. à thé (5 ml) d'huile végétale
1 c. à thé (5 ml) de fécule de maïs que vous aurez
fait dissoudre dans un peu d'eau

huile végétale

Les légumes
1 tasse (250 ml) de fèves germées
1 tasse (250 ml) de pois mangetout
1 tasse (250 ml) de pousses de bambou, en
tranches fines
⅔ tasse (165 ml) de châtaignes d'eau, en
tranches fines
amandes grillées et oignons verts émincés

Mélanger les 4 premiers ingrédients; enduire le poulet de la marinade, puis égoutter. Saupoudrer légèrement le poulet de fécule de maïs et réfrigérer 1 heure.

Verser l'eau, le sucre, la sauce anglaise, le jus de citron et l'huile végétale dans une petite casserole. Cuire à feu moyen et porter à ébullition en remuant. Ajouter la fécule de maïs que vous aurez fait dissoudre dans un peu d'eau, bien incorporer et cuire quelques minutes pour faire épaissir la sauce.

Verser de l'huile végétale dans un grand poêlon, à peu près ½ pouce (1 cm) et la faire chauffer. Frire le poulet à feu moyen jusqu'à ce qu'il soit bien doré. Égoutter le poulet sur du papier absorbant, puis le trancher en fines lamelles.

Cuire les légumes à feu moyen dans très peu d'huile en brassant constamment; ils seront tendres mais croustillants.

Servir le poulet, nappé de sauce, sur un nid de légumes; garnir d'amandes écrasées et d'oignon vert émincé.

(6 à 8 portions)

Le spaghetti aux asperges

¼ tasse (50 ml) de beurre
2 c. à soupe (25 ml) d'huile d'olive
1 petit oignon, tranché finement
1 tranche de jambon de Parme, coupée en dés
1 tasse (250 ml) d'asperges, coupées en fines lamelles
½ tasse (125 ml) d'eau
1 c. à thé (5 ml) de poudre de bouillon de poulet
½ lb (250 g) de spaghettini ou de vermicelli
½ tasse (125 ml) de crème à fouetter
¼ tasse (50 ml) de fromage parmesan, frais râpé
poivre, frais moulu

Chauffer le beurre et l'huile à feu moyen. Ajouter l'oignon et le faire dorer, pas brunir. Ajouter le jambon et cuire, 1 minute. Ajouter les asperges, l'eau et la poudre de bouillon de poulet. Réduire la chaleur et laisser mijoter, 15 minutes.

Cuire les pâtes *al dente* et bien égoutter, puis les déposer dans la marmite de cuisson. Ajouter les asperges et la crème et réchauffer sans porter à ébullition.

Servir garni de fromage parmesan et de poivre.

(4 portions)

Les pommes de terre à l'oignon et au basilic

3 c. à soupe (50 ml) de beurre
8 gousses d'ail, coupées en deux
4 oignons moyens, tranchés
1 c. à soupe (15 ml) de basilic, écrasé
½ tasse (125 ml) de crème sure
2 c. à soupe (25 ml) de persil, haché
6 pommes de terre moyennes, lavées
sel et poivre

Mettre les pommes de terre à cuire au four.

Fondre le beurre dans un poêlon, ajouter l'ail et l'oignon et cuire à feu doux jusqu'à ce que l'oignon soit mou et fondant. Ajouter le basilic, le sel et le poivre, cuire encore un peu. Passer au mélangeur et réduire en purée.

Débarrasser les pommes de terre de leur enveloppe de papier aluminium. Couper le dessus de chacune, briser grossièrement la chair avec une fourchette. Ajouter la crème sure et le persil à la purée et déposer la sauce sur les pommes de terre au moment de servir.

(6 portions)

La salade de zucchini

3 courgettes moyennes, tranchées finement
⅔ tasse (165 ml) de vinaigre de cidre
½ tasse (125 ml) de poivron vert, râpé
½ tasse (125 ml) de céleri, râpé
½ tasse (125 ml) d'oignon, râpé
½ tasse (125 ml) de sucre
⅓ tasse (75 ml) d'huile d'olive
⅓ tasse (75 ml) de vin rouge sec
1 c. à thé (5 ml) de persil, haché
1 c. à thé (5 ml) de sel
½ c. à thé (2 ml) de poivre, frais moulu

Mélanger tous les ingrédients dans un grand bol. Couvrir et réfrigérer 12 heures avant de servir. Se conserve deux semaines au réfrigérateur.

(6 à 8 portions)

Les oranges à l'Amaretto et au fromage blanc

2 grosses oranges, pelées et finement tranchées
5 c. à soupe (75 ml) d'Amaretto
1 tasse (250 ml) de fromage blanc (ricotta ou cottage),
  égoutté et mis en purée
3 c. à soupe (50 ml) d'amandes grillées, hachées
2 c. à soupe (25 ml) de sucre
2 c. à soupe (25 ml) de fruits confits, émincés
1 ½ c. à thé (7 ml) de gingembre confit,
  finement émincé
½ c. à thé (2 ml) de vanille

Déposer les tranches d'oranges dans un bol, arroser d'Amaretto, couvrir et réfrigérer, au moins 12 heures.

Mélanger le fromage, les amandes, le sucre, les fruits et le gingembre confits; incorporer la vanille. En faire 16 boules, déposer dans un plat, couvrir hermétiquement et réfrigérer, au moins 12 heures.

Au moment de servir, disposer joliment les tranches d'orange et les boules de fromage sur un plat de service; agrémenter, si possible de quelques fraises ou de feuilles de menthe fraîche pour la couleur.

(4 portions)

Le pain aux dattes et au marsala

2 oeufs
2 tasses (500 ml) de farine
1 tasse (250 ml) de sucre
½ tasse (125 ml) de marsala
¼ tasse (50 ml) d'huile végétale
1 c. à soupe (15 ml) de poudre à pâte
¾ c. à thé (4 ml) de sel
½ c. à thé (2 ml) de soda à pâte
2 tasses (500 ml) de dattes, hachées grossièrement
¾ tasse (175 ml) de noix de Grenoble, hachées grossièrement

Chauffer le four à 350° F (175° C).

Battre les oeufs au malaxeur, ajouter tous les autres ingrédients, sauf les noix et les dattes et bien incorporer. Ajouter les noix et les dattes et verser dans un grand moule à pain graissé. Cuire au four, à 350° F (175° C), 1 heure, et laisser refroidir sur une grille.

Saupoudrer de sucre à glacer.

(10 à 12 portions)

La cuisine de la

Vierge

subtile, sage, équilibrée

24 août - 22 septembre

La Vierge

Au premier abord, elle donne souvent l'impression d'être rêveuse ou inquiète. Rassurez-vous, elle n'est sûrement pas en train de construire des châteaux en Espagne, elle a trop à faire. C'est probablement ce qui la préoccupe et lui donne ce petit air un peu inquiet.

Le visage est fin, le front haut et le regard tranquille, expressif, nuancé, lumineux. La démarche est ferme, élégante; les gestes précis, jamais excessifs. Vous l'accuserez peut-être de vanité; elle est toujours parfaite, bien mise jusque dans les détails. Allons, avouez que vous l'enviez un peu!

Méticuleuse, précise, consciencieuse, efficace, travaillante, la Vierge a un sens du devoir et de ses obligations. Celle-là ne se lance jamais dans de folles aventures et la passion lui sert rarement d'excuse. Elle nourrit en général bien peu d'illusions et apprend tôt à apprivoiser la lucidité. Elle sait peut-être accepter les autres sans leur demander plus que ce qu'ils sont en mesure de donner. Et si c'était cela la sagesse!

Timide, elle est surtout discrète et ne s'impose pas dans la vie des autres. Sait-elle éviter de faire ce qu'elle ne voudrait pas qu'on lui fasse! Si elle n'apprécie pas l'imprévu, c'est qu'elle ne sait pas perdre son temps, déteste se mettre en retard et accorde beaucoup de prix à sa petite paix personnelle.

La Vierge sait être une amie fidèle, intègre, dévouée, il faut le dire. Elle apprécie la sincérité, la ponctualité, la discrétion. La paresse et la vulgarité l'indisposent et lui font perdre patience.

La Vierge se fatigue facilement, on la dit fragile. Elle sait en général bien s'organiser et prendre de bonnes habitudes de vie qui lui permettent de mieux tenir le coup que d'autres. Vous aviez remarqué qu'elle est frileuse, très frileuse même! Et on lui fait la réputation d'être une fanatique des régimes.

Ses points les plus sensibles sont les intestins, le pancréas et le foie, les hanches, les bras et le dos. La Vierge prend froid et s'enrhume facilement. Elle découvre tôt la fragilité de son appareil digestif; indigestions, colites surtout. Elle souffre souvent de colites paralysantes tant elles sont douloureuses et apprend à éviter les aliments qu'elle juge nuisibles.

La complicité, vous connaissez? Et l'esprit, la finesse, la subtilité... vous savez bien que c'est à vous qu'elle les réserve!

La Vierge et la cuisine dans sa vie quotidienne

Ne cherchez plus la parfaite maîtresse de maison, vous avez trouvé. Non, elle n'y est pas tout le temps, elle travaille comme tout le monde et probablement plus. Son intérieur est impeccable. IMPECCABLE! (oui, de grâce, conservons les majuscules, elles ne sont pas inutiles).

La Vierge a un faible pour la propreté. Oui, elle frotte vraiment les poignées de portes, et chez elle on pourrait manger par terre. Elle ne vous le dira pas, elle achète probablement ses produits de nettoyage à la caisse. C'est qu'elle a aussi le sens de l'économie. Chez elle, tout est parfait jusque dans les moindres détails. Sérieusement! Elle a pensé à tout. Vous savez, «un endroit pour chaque chose et chaque chose à sa place»; c'est chez elle!

Son intérieur est propre, confortable, agréable; elle déteste le super-flu et surtout le clinquant. Elle aime les livres; elle a sûrement des bibliothèques et elle ne tolérerait pas de passer une journée sans avoir appris quelque chose. Son goût très sûr, son sens de l'harmonie et des couleurs lui permettent de réaliser, souvent à peu de frais, un décor toujours sobre et élégant. Sa cuisine est généralement une petite merveille d'ordre et d'organisation et fort bien équipée. Elle n'affectionne pas les gadgets. Tout ce qui lui est nécessaire et utile y est, j'en jurerais!

Non, elle ne sert pas que des salades. Qu'est-ce que vous allez encore dire? La Vierge se préoccupe de son alimentation, c'est vrai. Elle mange régulièrement, correctement, et habituellement trois fois par jour. Bonne cuisinière, elle a appris à préférer une cuisine saine; c'est en général une sagesse apprise. Elle a probablement à peu près éliminé les charcuteries, les fritures et les sucreries de son alimentation courante. Sinon elle s'y applique et y arrivera un jour...

Elle aime les légumes verts qu'elle sait ne pas massacrer en les faisant trop cuire, les viandes grillées ou rôties. Elle adore le poisson et apprécie les cuisines étrangères dans ce qu'elles ont de subtil. Et les salades aussi; bon, c'est dit! Surtout elle a le don de varier et d'équilibrer les menus qu'elle prépare, de les colorer aussi. Elle ne déteste pas faire son pain quand elle en a le temps, pour le plaisir et pour le geste.

Ses intimes le savent: chez elle, les repas sont servis à l'heure dite. La Vierge aime manger dans le calme, la simplicité et l'intimité. C'est dans son intimité qu'elle sait se dire et se laisser apprivoiser. L'intelligence du coeur, voilà ce qu'elle partage avec les siens.

La Vierge et la cuisine dans sa vie sociale

Je sais, vous avez l'impression de ne pas voir assez souvent votre amie la Vierge. Vous savez pourtant qu'elle ne s'impose pas. Elle ne fuit pas les autres, elle les laisse venir à elle. Faites les premiers pas, insistez; elle a peut-être peur de vous déranger.

Elle mène une vie ordonnée, structurée. Je n'ai jamais dit qu'elle menait une vie monacale! Dans les limites du raisonnable la Vierge ne déteste pas sortir et va volontiers au restaurant. Mais pas n'importe où. Elle abhorre les endroits bruyants et vulgaires et n'y mettrait jamais les pieds. Elle a un faible pour les cuisines orientales, surtout la cuisine japonaise. Et si vous la laissiez vous guider, vous ne regretteriez rien! Vous ne manierez sans doute pas les baguettes avec autant de grâce que la Vierge; elle a tant de tact que vous n'en serez pas gêné.

On prétend qu'elle serait une invitée particulièrement difficile, mais on exagère beaucoup! Surtout de nos jours, vous ne connaissez vraiment que des gens qui s'empiffrent! C'est un peu passé de mode la lourdeur, vous savez! On parle même beaucoup, et de plus en plus, de santé, d'équilibre alimentaire et de régulation du poids. La Vierge, elle, savait et vivait tout ça depuis toujours; elle se sent peut-être un peu moins seule! Avouez qu'elle a le tact de ne pas trop nous faire la leçon... Elle aurait d'ailleurs celui d'avaler ce que vous lui servez au risque de se rendre malade.

La Vierge est une invitée exquise, discrète, charmante. Elle sera contente de connaître vos amis. Vous ne vous entourez pas d'indiscrets, de vulgaires ou de bavards mesquins. La Vierge serait capable de s'inventer un malaise et de quitter les lieux plutôt que de manifester son impatience. Vous le savez bien, la Vierge ne prend jamais toute la place, ne se donne jamais en spectacle pour impressionner la galerie. La grâce, la courtoisie, la retenue, la civilité pure et simple: voilà la Vierge. C'est en nuances et en subtilité qu'elle sait faire naître les complicités.

Sachez qu'elle ne fera pas la fête chez vous toute la nuit, elle prendra probablement congé assez tôt, après vous avoir aidé à ranger et à faire la vaisselle; il ne lui viendrait pas à l'idée de vous laisser tout ce travail.

Je sais, vous la voyez rarement; mais le rare est si précieux!

Quand la Vierge reçoit

Elle sait être la plus discrète, la plus loyale de vos amies. Elle est probablement la plus attentive tant elle est spécialiste des petits gestes qui vont droit au coeur; elle a peut-être inventé la délicatesse. Je la connais, elle aurait la pudeur de s'en défendre.

Saviez-vous que la Vierge ne vous invite pas chez elle pour l'unique plaisir de vous voir, de manger et de prendre un verre avec vous! Pour elle, une soirée en votre compagnie c'est une communication privilégiée soigneusement préparée.

Elle ne reçoit pas des foules chez elle; elle préfère les petits groupes d'amis qu'elle invite en espérant qu'ils vont s'apprécier. Ses amitiés se développent lentement et sont toujours basées sur l'estime. Et la Vierge est toujours ravie de partager ses amitiés. Chose certaine, ses amis seront gentils et civilisés. Elle ne vous dira jamais de quelqu'un qu'il est intolérable, elle dira qu'il est «spécial» ou l'ami de quelqu'un d'autre. Non, elle ne l'invitera pas à sa table.

La Vierge a pensé à tout. Chez elle, jamais de course au dépanneur en dernière minute. Elle a tout prévu : l'eau minérale, les jus de fruits, les vins, les alcools, même les desserts et les sucreries dont elle n'abuse pourtant pas. Il y a probablement au moins trois sortes d'analgésiques dans sa pharmacie au cas où vous auriez mal à la tête!

Sa cuisine est impeccable et le repas n'est pas encore servi. Mais comment fait-elle? Je sais bien qu'elle range à mesure qu'elle déplace, lave les ustensiles de préparation qu'elle vient d'utiliser. Je l'envie, bon! Et il m'arrive de taquiner mes amies Vierge, de demander si je peux boire mon café avant qu'elles me prennent ma tasse pour la laver. Je m'en confesse, c'est de l'envie pure et simple devant tant de perfection. Si vous décidez de m'imiter, préparez-vous à faire face à un barrage de protestations; elle a beaucoup de modestie.

La Vierge vous servira une cuisine saine, raffinée, colorée, subtile. Oui, la salade sera probablement généreuse, délicieuse surtout, la vinaigrette onctueuse; elle vous rappellera que ça ne se garde pas et je parie que vous en reprendrez. Mais non, vous n'aurez pas l'impression d'être à la diète! La Vierge n'impose pas ses choix et ses préférences aux autres. Elle servira un dessert et des sucreries pour ceux qui préfèrent, elle prendra un peu de fromage et un fruit; c'est tout.

Vous qui la connaissez, vous n'allez pas traîner chez elle jusqu'aux petites heures! Je sais, elle a tant d'esprit, de charme et de gentillesse que vous seriez tenté de rester. Allons, un peu de sagesse...

La Vierge et la cuisine de conquête

Vous vous attendiez à ce qu'il se passe bien vite quelque chose. Vous avez l'impression d'avoir tout tenté; le flirt, vos sourires et vos compliments les plus enchanteurs. Rien n'y fait. Vous songez aux propositions directes. Attention, elle est capable de vous demander pourquoi, mais seulement si vous n'êtes pas vulgaire.

Parce que la Vierge se pose des questions, elle sait aussi faire face aux réponses. Cette image de perfection qu'elle projette si bien est le reflet de la recherche constante de la perfection. Elle ne se satisferait jamais d'une quelconque conquête; avis aux passionnés de circonstances et aux voyageurs de commerce des aventures trop faciles.

N'allez pas croire pour autant que la Vierge vit au cloître; certains manuels d'astrologie un peu anciens vont même jusqu'à suggérer des tendances au célibat et à l'abstinence totale. C'est être bien peu subtil! Les temps et les rythmes de vie ont bien changé et si c'est souvent dans son milieu professionnel que la Vierge rencontre et trouve l'amour, c'est qu'elle n'ignore pas qu'au travail on se donne d'intelligence. Car voici la clé; elle admirera, aimera d'abord votre intelligence.

Patience! Je vous conseille la lecture, loisir intelligent s'il en est. La Vierge s'occupera du reste... à son heure. Sensuelle, sensible, douce, attentive; la volupté, vous connaissez! Elle fera ses courses et orchestrera son menu en pensant à vous, à ce qui vous plairait. Elle tombera juste, son jugement est si sûr! Elle vous servira une cuisine légère, raffinée, riche d'accompagnements subtils et délicats.

Elle aura mis des fleurs sur la table en arrangement très bas pour ne pas distraire vos regards. Cette lumière qu'elle a dans le regard; on a l'impression qu'elle a tout percé. Vous voici désarmé, je m'en doutais bien! Oui, elle est intéressée. Faites-lui des confidences, soyez sincère; elle ne vous pardonnerait pas les détours. Avec elle, pas de bavardages ni de spectacles inutiles, mais de l'esprit, de l'intelligence et surtout, de la complicité. Et cette voix si douce, si ronde...

Fascinante, tendrement provocante, perfectionniste jusqu'au bout des doigts, la Vierge n'ignore rien des subtilités de la volupté. Mais elle vise toujours la perfection; toujours! Je sais, elle est bien discrète. Je me suis pourtant laissée dire, par des indiscrets bien sûr, qu'elle ne se fait pas nécessairement prier pour enseigner ce qu'elle sait à ceux qu'elle aime. Ah! les douceurs de la connaissance...

Les plantes et les végétaux de la Vierge

Amandier, bourrache, calament, camomille, carotte, céleri, chicorée, chou, citronnelle, coudrier, cresson, fenouil, froment, gombo, jacinthe, jasmin, lavande, figuier, marjolaine, menthe verte, mille-feuille, noisetier, oranger et tous les agrumes, persil, pommier, poireau, prêle, rhubarbe, romarin, salsepareille, sauge, seigle, thym.

Sa plante talisman est la menthe verte qui est stimulante et antiseptique.

La Vierge a besoin de calcium qui combat la fatigue et aide à la formation des os; il protégerait aussi des refroidissements. Sont riches en calcium: le pollen, tous les produits laitiers, les noix, les noisettes, les amandes, le chou cru, les céréales, le foie de boeuf et la mélasse non sulfurée.

La Vierge a aussi besoin de soufre qui serait un anti-infectieux intestinal en plus d'aider à la formation des tissus et à la synthèse des collagènes. Sont riches en soufre: le son, le fromage, les oeufs, les noix, le germe de blé, les palourdes, les poissons, le cresson, le chou, les oignons, les figues, les agrumes et les abricots.

Sensible aux infections et aux contagions, la Vierge a besoin d'équilibre et de mesure et d'au moins un peu de calme et de solitude chaque jour.

Les natifs de la Vierge croient facilement à l'efficacité et à la sagesse des tisanes et des herbes plutôt qu'aux traitements de choc. Le germe de blé frais, le cresson et le persil sont des revitalisants et des stimulants précieux pour la Vierge. Elle connaît fort bien les bienfaits du céleri, des carottes et des pommes et s'en fait volontiers des jus.

Les recettes de la

Vierge

La crème de laitue
Les asperges maltaises
Les grenadins de veau au calvados
Le saumon poché à la crème d'avocat
La quiche aux carottes, au chou-fleur et au fromage
La salade de printemps, vinaigrette à la camomille
La salade à la dinde, aux amandes et au gingembre
La salade aux capucines
Le chou à l'orientale
Les poireaux marinés
Le melon au vin sucré
Les pots de crème à la mode de Turin

La crème de laitue

1 laitue romaine, débarrassée de son coeur, lavée et asséchée
1 laitue pommée, débarrassée de son coeur, lavée et asséchée
1 botte de cresson, lavé, asséché et débarrassé de ses tiges
2 c. à soupe (25 ml) de jus de citron
1 c. à thé (5 ml) de sel
2 c. à soupe (25 ml) de beurre
1 oignon moyen, finement haché
2 c. à soupe (25 ml) de farine
1 c. à soupe (15 ml) de persil frais, émincé
1 c. à thé (5 ml) de cari
½ c. à thé (2 ml) de poivre, frais moulu
½ c. à thé (2 ml) de gingembre
3 tasses (750 ml) de bouillon de poulet
1 tasse (250 ml) de crème à fouetter
3 jaunes d'oeufs

Hacher finement les laitues et le cresson; déposer dans un grand bol et arroser de jus de citron. Laisser reposer, 30 minutes.

Faire fondre le beurre dans une grande marmite, ajouter l'oignon et cuire à feu moyen, à peu près trois minutes. Ajouter la farine, le persil, le cari, le poivre, le sel et le gingembre et cuire en brassant, 3 minutes. Ajouter le bouillon et porter à ébullition en brassant sans arrêt. Ajouter les laitues et le cresson et laisser mijoter, 15 minutes. Laisser refroidir légèrement et passer au mélangeur, en portions si nécessaire; verser dans la marmite le liquide passé au mélangeur.

Mélanger la crème et les jaunes d'oeufs dans un bol. Y ajouter graduellement à peu près ½ tasse (125 ml) du liquide chaud en incorporant; puis verser le tout dans la marmite. Brasser à feu moyen jusqu'à ce que la crème épaississe; ne pas porter à ébullition. Ajuster l'assaisonnement.

Servir dans des bols chauds.

(8 à 10 portions)

Les asperges maltaises

Une trentaine d'asperges fraîches, de grosseur moyenne, nettoyées
  et cuites
2 jaunes d'oeufs
2 c. à soupe (25 ml) de yogourt
1 c. à soupe (15 ml) de jus de citron
2 c. à soupe (25 ml) de sherry
½ tasse (125 ml) d'huile végétale
1 c. à soupe (15 ml) de zeste d'orange, finement émincé
sel et poivre, frais moulu

Déposer les jaunes d'oeufs, le yogourt, le jus de citron et de sherry
dans un petit bol et battre au fouet. Déposer le bol dans un poêlon à
motié rempli d'eau chaude. Cuire à feu doux, en battant au fouet, jusqu'à
épaississement du mélange; ajouter graduellement l'huile, en battant
toujours. Incorporer le zeste d'orange; saler et poivrer au goût.

Servir à la température de la pièce et présenter en saucière.
(4 à 6 portions)

Les grenadins de veau au calvados

2 lb (1 kg) de cuisseau ou de filet de veau,
  coupé en tranches minces
3 c. à soupe (50 ml) de farine, salée et poivrée
½ tasse (125 ml) de beurre
1 tasse (250 ml) d'échalotes, finement hachées
1 tasse (250 ml) de champignons, tranchés
½ tasse (125 ml) de calvados
2 tasses de crème à fouetter
tranches de pomme

Enfariner légèrement le veau. Faire fondre le beurre dans un grand
poêlon et faire dorer le veau à feu moyen; le déposer sur un plat et
garder au chaud.

Ajouter les échalotes au gras de cuisson et cuire à peu près une
minute.

Ajouter les champignons, couvrir et cuire 2 ou 3 minutes en remuant
une fois ou deux.

Retirer le gras du poêlon. Réchauffer le calvados à feu doux et verser sur les échalotes et les champignons; flamber et bouger légèrement le poêlon jusqu'à ce que la flamme s'éteigne. Ajouter la crème et laisser mijoter à feu moyen 3 ou 4 minutes pour faire épaissir. Verser la sauce sur le veau et garnir de tranches de pommes. Servir immédiatement. (6 portions)

Le saumon poché à la crème d'avocat

Crème d'avocat
2 avocats, dénoyautés, pelés et hachés grossièrement
2 oignons moyens, hachés
½ tasse (125 ml) de mayonnaise
⅓ tasse (75 ml) de yogourt
3 c. à soupe (50 ml) de jus de citron
1 gousse d'ail moyenne, émincée
2 c. à soupe (25 ml) de persil frais, haché
½ c. à thé (2 ml) de coriandre, moulue
sel et poivre, frais moulu

Incorporer tous les ingrédients au mélangeur, puis verser dans un pot et fermer hermétiquement; réfrigérer jusqu'au moment de servir.

Saumon
4 tasses (1 l) d'eau
2 tasses (500 ml) de vin blanc
10 grains de poivre
1 carotte, hachée grossièrement
1 gros oignon, haché grossièrement
1 feuille de laurier
10 graines de coriandre
½ c. à thé (2 ml) de thym
6 gros steaks de saumon, peau et arêtes enlevées
¼ tasse (50 ml) d'huile végétale
2 c. à soupe (25 ml) de jus de citron

Présentation
1 laitue romaine effeuillée, lavée et séchée
sel et poivre, frais moulu
ciboulette, émincée ou oignons verts, finement émincés

Déposer dans une grande casserole l'eau, le vin blanc, le poivre, la carotte, l'oignon, le laurier, la coriandre et le thym. Laisser mijoter à feu moyen, 30 minutes. Passer le bouillon et verser dans un grand poêlon; y déposer le saumon et pocher à feu doux (le liquide frémira à peine), à peu près 6 minutes. Retirer du feu et laisser le saumon refroidir dans son bouillon. Une fois refroidi, retirer le saumon de son bouillon et l'égoutter. Déposer le saumon dans un plat, arroser d'huile et de jus de citron, couvrir et réfrigérer.

Présenter sur des feuilles de romaine, saler et poivrer légèrement; garnir de crème d'avocat et de ciboulette ou d'oignons verts, finement émincés.

(6 portions)

La quiche aux carottes, au chou-fleur et au fromage

Pour de meilleurs résultats, utiliser un moule à gâteau de 9 pouces (23 cm) à fond amovible.

1 abaisse, partiellement cuite
1 ½ tasse (375 ml) de fromage Parmesan, frais râpé
1 ½ tasse (375 ml) de chou-fleur grossièrement haché, blanchi et égoutté
½ tasse (125 ml) de carottes coupées en bâtonnets très fins, blanchies et égouttées
3 oeufs
1 ½ tasse (375 ml) de crème à fouetter
½ c. à thé de muscade
sel

Préchauffer le four à 300° F (150° C).
Saupoudrer la moitié du fromage sur l'abaisse partiellement cuite. Ajouter le chou-fleur, les carottes et recouvrir du reste du fromage. Battre légèrement les oeufs dans un bol, ajouter la crème, le sel et la muscade. Verser sur les légumes. Cuire au four, à peu près 1 heure, jusqu'à ce que le dessus de la quiche soit doré.

Laisser reposer 15 minutes, à la température de la pièce, avant de servir.
(6 à 8 portions)

La salade de printemps, vinaigrette à la camomille

¼ tasse (50 ml) de vinaigre de cidre
2 c. à soupe (25 ml) de camomille
1 tasse (250 ml) d'huile végétale
2 c. à soupe (25 ml) de moutarde de Dijon
sel et poivre, frais moulu
2 c. à soupe (25 ml) de jus de citron frais
laitue romaine
chicorée
laitue Boston
épinards
cresson
noix de Grenoble, rôties et hachées
persil frais, haché

Chauffer le vinaigre; infuser la camomille dans le vinaigre chaud, au moins 15 minutes. Filtrer et laisser refroidir.

Ajouter l'huile végétale, la moutarde, le sel et le poivre et le jus de citron et battre au fouet. Conserver au réfrigérateur dans un pot hermétiquement fermé.

Servir pour parfumer une salade verte de romaine, de chicorée, de laitue Boston, d'épinards et de cresson. Garnir de persil et de noix de Grenoble hachées et rôties.

(6 portions)

La salade à la dinde, aux amandes et au gingembre

2 ½ tasse (625 ml) d'eau
2 c. à thé (10 ml) de sel
1 tasse (250 ml) de riz brun à longs grains
¼ tasse (50 ml) de riz sauvage
½ tasse (125 ml) d'huile végétale
¼ tasse (50 ml) de vinaigre de vin
2 c. à soupe (25 ml) de moutarde de Dijon

1 c. à soupe (15 ml) de gingembre frais, émincé
1 c. à thé (5 ml) de poivre, frais moulu
1 lb (500 g) de dinde cuite, coupée en cubes
2 tasses (500 ml) de petits pois cuits
½ tasse (125 ml) d'oignons verts, émincés
½ tasse (125 ml) d'amandes tranchées, rôties
½ tasse (125 ml) de poivron rouge, haché

Porter l'eau à ébullition dans une marmite de grandeur moyenne. Ajouter le sel et le riz, porter à ébullition, couvrir, réduire la chaleur et laisser mijoter jusqu'à ce que l'eau soit complètement absorbée, à peu près 40 minutes.

Mélanger l'huile, le vinaigre, la moutarde, le gingembre et le poivre dans un grand bol. Ajouter le riz, la dinde, les petits pois, l'oignon, les amandes et le poivron rouge. Servir chaud ou à la température de la pièce.

(8 à 10 portions)

La salade aux capucines

¼ tasse (50 ml) de vinaigre de vin rouge
¼ tasse (50 ml) de feuilles d'estragon frais
 ou
2 c. à soupe (25 ml) d'estragon séché
1 c. à soupe (15 ml) de moutarde de Dijon
1 ½ c. à thé de poivre, frais moulu
½ c. à thé de sel (2 ml)
½ tasse (125 ml) d'huile d'olive
2 laitues Boston, débarrassées de leur coeur, lavées, asséchées
½ tasse (125 ml) de champignons, finement tranchés
20 fleurs de capucines

Mélanger le vinaigre, l'estragon, la moutarde, le poivre et le sel dans un bol; ajouter l'huile en battant sans arrêt.

Déposer la laitue et les champignons dans un grand bol; arroser de vinaigrette et garnir de fleurs de capucines.

(4 à 6 portions)

Le chou à l'orientale

1 chou moyen, haché grossièrement
4 c. à soupe (60 ml) d'huile végétale
3 oignons verts, hachés
1 gousse d'ail, émincée
3 c. à soupe (50 ml) de vinaigre de cidre
3 c. à soupe (50 ml) de sherry
3 c. à soupe (50 ml) de sauce soya
¼ tasse (50 ml) de sucre
½ c. à thé (2 ml) de poudre de chili
½ c. à thé (2 ml) de sel
2 c. à soupe (25 ml) de fécule de maïs que vous aurez fait
  dissoudre dans
1 c. à soupe (15 ml) d'eau

Chauffer l'huile dans un grand poêlon. Faire revenir rapidement les oignons et l'ail, ajouter le chou et cuire 3 ou 4 minutes. Ajouter tous les autres ingrédients, sauf la fécule et incorporer. Ajouter enfin l'eau et la fécule et incorporer; cuire 2 minutes, en remuant pour faire épaissir la sauce. Servir chaud. (6 à 8 portions)

Les poireaux marinés

4 petits poireaux, soigneusement lavés et asséchés
1 tasse (250 ml) de vin blanc sec
1 c. à soupe (15 ml) de vinaigre d'estragon
2 c. à thé (10 ml) de moutarde de Dijon
½ c. à thé (2 ml) de paprika
¼ c. à thé (1 ml) de sel
quelques gouttes de sauce au poivre fort
4 c. à soupe (60 ml) d'huile d'olive
quartiers de citron et carottes râpées

Déposer les poireaux dans une petite casserole; ajouter le vin et assez d'eau pour couvrir. Porter à ébullition, couvrir partiellement et réduire la chaleur; laisser mijoter une quinzaine de minutes, jusqu'à ce que les poireaux soient tendres. Égoutter soigneusement et déposer les poireaux sur un plat de service.

Mélanger le vinaigre, la moutarde, le paprika, le sel et la sauce au poivre fort dans un petit bol. Ajouter l'huile d'olive et bien incorporer. Verser sur les poireaux et laisser refroidir à la température de la pièce. Garnir de quartiers de citron et de carottes râpées. (4 à 6 portions)

Le melon au vin sucré

½ petit cantaloup
¼ melon de miel, bien mûr
¼ melon Casaba, bien mûr
2 tasses (500 ml) de vin blanc sucré (sauternes)
1 c. à soupe (15 ml) de gingembre confit, finement émincé

Retirer les graines des melons. Les découper en boules et déposer dans un bol. Ajouter le vin et le gingembre confit et mélanger. Couvrir et réfrigérer au moins 12 heures.

Présenter dans des coupes à dessert. (6 portions)

Les pots de crème à la mode de Turin

5 jaunes d'oeufs
1 ½ tasse (375 ml) de crème à fouetter
1 tasse (250 ml) de lait
5 c. à soupe (75 ml) de sucre
2 c. à soupe (25 ml) de rhum
1 c. à thé (5 ml) de vanille
½ tasse (125 ml) de purée de marrons en conserve, pilée
   à la fourchette
4 onces (4 carrés) (100 g) de chocolat semi-sucré,
   fondu et refroidi
crème fouettée et chocolat râpé

Préchauffer le four à 325° F (160° C).

Bien battre les jaunes d'oeufs, ajouter la crème et le lait et bien mélanger. Ajouter le sucre, le rhum, la vanille et la purée de marrons et bien battre. Enfin ajouter le chocolat fondu et bien incorporer. Verser dans des petits plats à soufflés et cuire au four, au bain-marie, 50 à 60 minutes. Retirer du bain-marie et laisser refroidir à la température de la pièce. Conserver au réfrigérateur.

Garnir de crème fouettée et de chocolat râpé au moment de servir. (10 à 12 portions)

La cuisine de la

Balance

agréable, douce,
gracieuse

23 septembre - 23 octobre

La Balance

Vous l'avez vue? Elle est en général mince, fine, élégante. La démarche est digne, raffinée; un certain classicisme. Elle n'a rien d'un éboueur. L'expression est riante, aimable, enjouée. Elle a souvent des fossettes aux joues et au menton, ailleurs aussi, dit-on... Mais nous n'en sommes pas aux indiscrétions. Et ce sourire! Croyez-m'en, personne ne sourit comme la Balance.

La décrire, c'est parler de sa gentillesse, de son charme et de sa grâce. À notre époque de course folle, on lui reproche parfois de savoir encore s'arrêter pour sourire aux autres. Les mauvaises langues l'accusent même de sourire tout le temps. Comme si la gentillesse était un crime et les manifestations de sympathie et de chaleur forcément suspectes!

Aucune agressivité chez elle. Ne cherchez pas, vous ne trouverez pas. Je sais, elle pèse et soupèse sans arrêt. Ne lui manifestez surtout pas d'impatience; elle ne le tolère pas. Elle met beaucoup de temps à prendre une décision, c'est vrai. C'est qu'elle tient à prendre la bonne! Elle ne se précipite pas, elle fait longuement le tour de la question. Une fois sa décision prise, la Balance n'en démordra plus; elle est parfaitement capable de déplacer des montagnes, n'en doutez surtout pas. Patience! Ne vous arrachez pas les cheveux, n'allez surtout pas lui dire qu'elle met trop de temps à se décider! Elle protesterait, d'ailleurs.

Elle déteste tout ce qui est excès ou exagération dans tous les domaines. Avis aux passionnés, aux querelleurs et aux violents; elle sait fort bien faire la leçon aux autres. Elle n'est pas à la recherche de la perfection; elle est trop lucide. Elle sera toute sa vie à la recherche de l'équilibre, de la mesure, de la paix, de l'harmonie et de la communication. Regardez un peu autour de vous; c'est un très joli contrat tout ça!

Émotive, impressionnable, la Balance a tendance à être de santé fragile. Et si ses malaises sont parfois d'origine psychosomatique, ils n'en sont pas moins là. Ses points faibles sont les reins, la colonne vertébrale, le système sympathique, les glandes surrénales, les organes génitaux et les glandes endocrines. Elle souffre souvent de lumbago, de sciatique, de rhumatisme, de coliques, de migraines et de maux de dents. On la dit plus sensible que d'autres aux médicaments chimiques.

Un grand besoin de plaire et d'être aimée, un grand besoin de douceur et de tendresse; l'indifférence, la brusquerie la traumatisent. Les autres lui sont aussi essentiels que l'air qu'elle respire. L'exquise et dangereuse séduction des sourires qui savent faire fondre les glaciers! Mais souriez; qu'attendez-vous pour succomber à son charme!

La Balance et la cuisine dans sa vie quotidienne

Vous arrive-t-il de feuilleter des revues de décoration ? Vous savez, ce genre d'intérieur où tout est en harmonie, où rien, pas le moindre petit détail, ne vient briser l'harmonie ? J'en jurerais, ces intérieurs-là sont conçus par des gens nés sous le signe de la Balance.

Ici pas de couleurs criardes, surtout pas de murs rouges; des pastels, des bleus et des verts, du blanc. Et au moins une petite note de gaieté et de fantaisie. Je n'ai pas parlé de luxe, mais bien de beauté, d'élégance, de raffinement et d'harmonie.

La Balance n'arriverait pas à vivre dans une maison en désordre. Elle a besoin d'ordre pour se sentir bien. Vous avez remarqué cette habitude qu'elle a de redresser les cadres ? Elle ne fait pas la leçon; c'est une réaction de réflexe.

Elle a l'élégance du réveil en douceur et ceux qui sont de ses intimes savent qu'elle fait très bien le café. Quelqu'un le sait sûrement, d'ailleurs, la Balance n'aime pas vivre seule. Elle est très tôt à la recherche du partenaire de vie qui saura l'accompagner dans sa quête de l'équilibre et de l'harmonie. Et à moins d'avoir le réveil bien pénible, comment résister à tant de grâce, de charme et de gentillesse ?

Elle n'a sûrement pas inventé les serviettes de papier, les assiettes de carton, ni les verres de plastique; ça, non. Chez elle la table est bien mise tous les jours, il y a même des bougies au repas du soir. Et probablement du vin, peut-être des fleurs. Sûrement de la musique très douce. Non, ma voisine du deuxième n'est sûrement pas Balance, j'en jurerais !

La Balance n'aime pas la cuisine lourde ou trop épicée. Et quand elle fait la cuisine on n'a jamais à se battre avec les aliments, ni à mastiquer jusqu'à ce que crampes s'ensuivent. Elle aime la cuisine sobre, agréable, bien présentée; une cuisine toute en douceur et en chaleur. Beaucoup de délicatesse et d'attentions toutes simples dans sa cuisine quotidienne.

On dit qu'elle ne se gave jamais; elle a pourtant un faible pour les sucreries ce qui lui joue souvent bien des tours. Et elle ne déteste pas le bon vin.

Elle sait faire en sorte que le repas se passe toujours dans la paix, le calme et la sympathie. Avec elle, pas de discussion violente ou emportée; le plaisir et la douceur de vivre. Et la jase, elle sait si bien faire le tour de toutes les questions. Il lui arrive parfois en fin de soirée de parler de vieillissement; elle n'avouera jamais sa peur de vieillir. Elle en parle toujours comme s'il ne s'agissait pas d'elle. Elle a pourtant l'air si jeune ! Puis elle se rassure, sourit et passe à autre chose.

La Balance et la cuisine dans sa vie sociale

Vous aimez le théâtre, le cinéma, les expositions? Vous le savez bien, votre amie Balance aussi. Et vous partez souvent manger une bouchée en fin de soirée, en bande. Toujours dans un endroit sympathique, jamais dans un endroit bruyant. Ce qu'elle jase bien, votre amie! La communication est un art chez elle, rappelez-le-lui.

Si vous avez vu quelque chose de fascinant, elle ne se préoccupera guère de la cuisine; vous êtes là pour la jase. Promis, vous ferez le tour de la question; les «pour», les «contre». Tous! C'est qu'elle tient à être juste et équitable.

Je sais, vous l'invitez souvent. Elle vous demande toujours si vous serez nombreux. C'est que, pour elle, une dizaine de personnes, c'est déjà la foule. Elle n'aime pas beaucoup la promiscuité bruyante des groupes; le coude à coude la rend mal à l'aise. Elle est pourtant très sociable, connaît beaucoup de gens; elle se les attire comme un aimant. Les autres vont à elle plutôt qu'elle ne va à eux. C'est plus que du charme, beaucoup plus que du charme!

Elle a vraiment tout pour plaire, vous ne l'ignorez pas. Elle arrivera probablement avant les autres pour vous aider un peu. Acceptez, elle tient tant à vous faire plaisir! Elle charmera tout le monde. Aimable, enjouée, souriante, gentille, civilisée, discrète... Elle sait écouter, deviner, comprendre.

Vous vous inquiétez, vous avez l'impression qu'elle ne mange pas beaucoup. Porterait-elle des vêtements trop serrés? C'est que, voyez-vous, elle a fait des excès; probablement des sucreries. Elle ne vous en dira rien, mais elle a décidé de se priver un peu. Un de vos invités s'emporte? N'ayez crainte, votre amie Balance, à peu près sans qu'il n'y paraisse, verra à calmer les choses. Écoutez-la; elle parle tout doucement, la voix presque éteinte. Une minute encore et la paix sera revenue autour de votre table. Il se peut qu'elle soit un peu mal à l'aise; elle se juge, elle tient à être juste. Rassurez-la du regard.

Elle sympathisera avec tous vos invités, les écoutera tous avec une attention telle qu'ils auront l'impression d'avoir fait sa conquête. Il n'y aura probablement pas de moments de silence gênant à votre table. Elle serait même capable de monologuer, à la rigueur.

Elle a un sérieux défaut, notre amie. À tant charmer, elle se laisse charmer à son tour et elle laisse parfois s'écouler beaucoup de temps entre ses visites. Elle connaît tant de gens!

Quand la Balance reçoit

La Balance adore recevoir. Vous ne pourrez vous empêcher de lui faire des compliments sur son intérieur. Elle appréciera beaucoup. On dit d'ailleurs d'elle qu'elle serait trop sensible aux compliments, que dis-je, à la flatterie; au point même de manquer de jugement et d'avoir tendance à fréquenter surtout ceux qui, parmi ses amis, savent tourner un compliment. Mais elle aime être appréciée, c'est bien normal.

Vous serez bien entouré. La Balance est élitiste dans le choix de ses amis. Fascinée par tout ce qui est communication, elle ne fréquente que des gens avec lesquels elle est en sympathie. Elle demande souvent d'ailleurs si elle se fait bien comprendre; elle y tient.

Jamais de grognons à sa table, ni de gens qui ont le verbe trop haut, surtout pas de vulgaires personnages qui prennent la grivoiserie pour de l'esprit. Je parie qu'au moment de l'apéritif elle aura au moins un livre à vous montrer. Elle aime lire, bien sûr. Elle aime surtout les beaux livres, le papier, l'odeur de l'encre, les reliures; elle pourrait d'ailleurs vous en parler en experte.

Elle vous fera la cuisine comme elle la préfère et comme elle la mange tous les jours. Elle sait mieux que bien d'autres ce que c'est que de faire la cuisine avec amour, ce que c'est que de la bien servir aussi. Chez elle on ne mange pas la soupe tiède et le beurre ne sort pas tout droit du congélateur. Beaucoup de classe et de douceur dans tout ce qu'elle fait. Jamais d'ostentation; elle ne saurait pas comment. Vous passerez d'un service à l'autre sans presque vous en rendre compte tant elle sait ne pas briser la communication.

Vous parlerez de tout, sa curiosité intellectuelle est grande. Si vous êtes venu vous confier, lui parler d'une quelconque chicane de clocher, que je vous dise tout de suite qu'elle ne vous donnera pas automatiquement raison parce que vous êtes son ami. Elle tient à être juste; vous aurez un peu raison, les autres aussi. Et si elle questionne beaucoup, c'est pour le plaisir de comprendre; non, elle n'est pas commère. Mais elle est curieuse. Rassurez-vous, vos secrets sont en sécurité avec elle. Je n'ai pas parlé des autres invités; en règle générale, on ne va pas manger chez les gens pour se déshabiller.

Vous ne saviez pas que sa table était si généreuse? Mais s'il manquait de quelque chose, la communication risquerait d'être coupée! Il ne manquera rien. Je sais, vous auriez envie de revenir souvent. Il faut lui dire combien vous êtes content d'être là, combien elle vous a fait plaisir. C'est peut-être vous qu'elle recevra souvent...

La Balance et la cuisine de conquête

Je vous avais prévenu! Bon, je n'ai peut-être pas assez insisté sur le magnétisme de son sourire. Et ce sourire dans le regard quand elle fait du charme! Les spécialistes de la conquête au lance-flamme auraient intérêt à l'observer un peu.

Que je vous rassure sur vos charmes, si la Balance décide de vous faire la cuisine de conquête, c'est que vous en avez beaucoup. Elle n'a pas habituellement à faire ce genre de chose. On est si porté à tout lui offrir sur un plateau d'argent.

Je sais, c'est vous qui êtes allé à elle. Que d'espoir dans votre démarche depuis que vous avez fait connaissance! Vous lui apporterez quelque chose, au moins! Un peu d'imagination...

Elle vous attend et elle se pose des questions; elle se prépare. Elle ne sait pas trop si... elle fait le tour de la question. Elle vous demandera si vous êtes content d'être là; elle est très sérieuse. Content? Mais vous êtes fou comme balai, ne s'en doute-t-elle pas? Il faut le lui dire. Un peu d'élégance, ne l'étouffez pas; pas encore! Pour l'instant, vous cherchez à la rassurer.

Ceci fait, tout devrait bien se passer. Vous êtes très ému, ça se voit. Ne vous inquiétez surtout pas, vous ne risquez pas de mal avaler. Sa cuisine fond dans la bouche; tout est en douceur ici. Tout. Non, vous ne rêvez pas; elle est vraiment comme ça.

Elle vous comprend, vous a déjà deviné; elle vous écoute. Racontez-vous un peu, elle aime bien. Elle se racontera aussi, s'épanchera; vous aurez l'impression qu'il se forme déjà un lien. Plus encore, tout est si simple avec elle que vous avez l'impression de la connaître depuis longtemps... vous avez l'impression de la connaître beaucoup et mieux que tant de gens que vous connaissez depuis des années. Elle sait se rendre très attachante, la Balance. C'est un don, une intuition; jamais du calcul.

La musique est si jolie, si douce, que vous aurez envie de la prendre dans vos bras pour la faire danser à la fin du repas. C'est comme si vous dansiez pour la première fois de votre vie...

Vous parlerez encore, de beauté, de rêve, d'émerveillement. Ce que vous êtes bien! Elle a vraiment tout pour plaire; ce que vous ne feriez pas pour ce sourire! On dit d'elle que sa technique amoureuse est la perfection même; serez-vous discret? Et ce sourire dans le regard au réveil... Vous a-t-elle promis quelque chose?

Les plantes et les végétaux de la Balance

Vigne, olivier, cresson, mélisse, pensée, rose, lys, myrte, buis, fuchsia, pommier, verveine, aunée, pois chiche, ancolie, groseille, vulnéraire, pêche, oeillet, jasmin, myosotis.

Sa plante-talisman est le basilic, lequel est tonique et antiseptique.

La Balance a besoin de soufre qui serait un anti-infectieux intestinal en plus d'aider à la formation des tissus et à la synthèse des collagènes. Sont riches en soufre : le son, le fromage, les oeufs, les noix, le germe de blé, les palourdes, les poissons, le cresson, le chou, les oignons, les figues, les agrumes et les abricots.

La Balance a aussi besoin de phosphore qui aide au bon fonctionnement des cellules nerveuses. Sont riches en phosphore : le blé, l'ail, le céleri, les raisins secs, les oignons, les lentilles et les poissons, et surtout les produits laitiers, les tomates, les abricots, les pommes et les céréales.

La Balance a enfin besoin de calcium qui combat la fatigue et aide à la formation des os; il protégerait aussi contre les refroidissements. Sont riches en calcium : le pollen, tous les produits laitiers, les noix, les noisettes, les amandes, le chou cru, les céréales, le foie de boeuf et la mélasse non sulfurée.

On lui conseille de boire beaucoup d'eau et de jus de fruits.

La danse lui conviendrait mieux que certains exercices plus violents.

Les recettes de la

Balance

La bisque aux champignons et aux poireaux
Le fromage à la crème
Les poulettes farcies
Les filets de sole à la mousse au saumon
Les côtelettes de porc farcies aux noix et au fromage
Les brochettes de légumes frites
Le riz aux noix de cajous
Les lenguine du pêcheur
Les concombres à la crème sure
La salade de chou aux kiwis
Le yogourt aux fraises
Les conserves aux pruneaux et aux noix

La bisque aux champignons et aux poireaux

1 lb (500 gr) de champignons, finement tranchés
2 tasses (500 ml) de poireaux, finement tranchés, la partie blanche
 seulement
½ tasse (125 ml) de beurre
4 c. à soupe (60 ml) de farine
1 c. à thé (5 ml) de sel
½ c. à thé (2 ml) de poivre, frais moulu
6 tasses (1 ¼ l) de bouillon de poulet
2 tasses (500 ml) de crème légère

Faire fondre le beurre dans une grande marmite, à feu moyen. Faire sauter les champignons et les poireaux, à peu près 5 minutes. Ajouter la farine, le sel, le poivre et les deux tiers du bouillon de poulet. Porter au point d'ébullition en brassant sans arrêt. Réduire la chaleur, couvrir et laisser mijoter, 20 minutes.

Retirer du feu, laisser refroidir quelque peu et passer au mélangeur.

Verser dans une marmite propre, ajouter le reste du bouillon et la crème. Réchauffer sans porter à ébullition.

Servir dans des bols chauds et garnir de persil, si désiré.

(6 à 8 portions)

Le fromage à la crème

2 tasses (500 ml) de fromage cottage à petits grains, égoutté
sel et poivre, frais moulu
4 gousses d'ail, finement émincées
1 c. à soupe (15 ml) de persil frais, finement émincé
½ tasse (125 ml) de crème à fouetter

Mélanger tous les ingrédients en écrasant le fromage à la fourchette; on peut aussi passer au mélangeur en prenant soin que le mélange ne devienne pas trop liquide.

Réfrigérer 12 heures avant de servir.

Servir avec des craquelins au moment de l'apéritif.

(8 à 10 portions)

Les poulettes farcies

¼ tasse (50 ml) de beurre, à la température de la pièce
¼ tasse (50 ml) de persil frais, émincé
1 c. à thé (5 ml) d'estragon, écrasé
½ c. à thé (2 ml) de sel
4 petites poulettes de type Rock Cornish
les abats

Farce au riz brun
1 ½ tasse (375 ml) d'eau
½ c. à thé (2 ml) de sel
½ tasse (125 ml) de riz brun
2 c. à soupe (25 ml) de beurre
2 c. à soupe (25 ml) d'oignon, finement haché
2 c. à soupe (25 ml) de céleri, finement haché
2 c. à soupe (25 ml) de carotte, finement hachée
2 c. à soupe (25 ml) de vin blanc sec
les foies

1 c. à soupe (15 ml) de farine
½ tasse (125 ml) de vin blanc sec

Chauffer le four à 400° F (205° C).

Faire mijoter les abats dans 1 tasse (250 ml) d'eau salée, à peu près 45 minutes. Passer le bouillon et réserver. Réserver les foies.

Mélanger le beurre, le persil, l'estragon et le sel. Détacher légèrement la peau sur la poitrine des poulettes et y insérer le mélange.

Porter l'eau et le sel à ébullition, ajouter le riz. Couvrir, réduire la chaleur et laisser mijoter à peu près 40 minutes.

Faire fondre le beurre dans un poêlon, ajouter l'oignon, le céleri, la carotte et sauter, 5 minutes. Couper les foies en morceaux grossiers et les ajouter aux légumes, ajouter 2 c. à soupe (25 ml) de vin blanc. Incorporer au riz cuit.

Farcir les poulettes et les ficeler. Les cuire au four, à 400° F (205° C), 50 minutes, en arrosant souvent.

Déposer les poulettes sur un plat de service.

Ajouter le bouillon des abats au jus de cuisson et porter à ébullition en remuant sans arrêt. Verser dans une petite marmite. Mélanger la farine et le vin blanc et ajouter. Cuire en remuant sans arrêt, 3 minutes, pour faire épaissir la sauce. Verser sur les poulettes et garnir de persil. (4 portions)

Les filets de sole à la mousse au saumon

1 boîte de saumon rose (16 onces) (500 gr), égoutté
1 oignon moyen, coupé en quatre
1 blanc d'oeuf
½ tasse (125 ml) de crème à fouetter
½ c. à thé (2 ml) d'aneth
2 c. à soupe (25 ml) de brandy
sel et poivre, frais moulu
8 filets de sole
feuilles de laitue
tranches de citron

Vinaigrette aux câpres
6 c. à soupe (90 ml) d'huile d'olive
¼ tasse (50 ml) de jus de citron, frais
3 c. à soupe (50 ml) de persil émincé
3 c. à soupe (50 ml) d'oignon rouge, haché
1 c. à soupe (15 ml) de câpres, grossièrement hachées
1 tomate mûre, pelée, vidée et hachée
½ c. à thé (2 ml) de coriandre moulue
sel et poivre, frais moulu

Passer le saumon, l'oignon, le blanc d'oeuf, la crème, l'aneth et le brandy au mélangeur. Goûter; saler et poivrer.

Assécher les filets; déposer la mousse au saumon sur les filets en quantités égales. Roulet les filets et les fixer avec des cure-dents. Les déposer sur une assiette. Déposer une grille à gâteau dans une rôtissoire à moitié remplie d'eau, porter l'eau à ébullition. Déposer l'assiette sur la grille, couvrir et cuire à feu doux, de 8 à 10 minutes.

Disposer les filets sur des feuilles de laitue et garnir de tranches de citron.

Bien mélanger les ingrédients de la vinaigrette et la servir en ramequin.

(8 portions)

Les côtelettes de porc farcies aux noix et au fromage

1 tasse (250 ml) de fromage cheddar, râpé
¼ tasse (50 ml) de noix de Grenoble, hachées
¼ tasse (50 ml) de persil frais, émincé
2 c. à thé (10 ml) de moutarde de Dijon
6 côtelettes de porc très épaisses
1 tasse (250 ml) d'oignons, tranchés
2 c. à soupe (25 ml) d'huile végétale
1 tasse (250 ml) de bouillon de boeuf

Chauffer le four à 350° F (175° C).
Pratiquer une fente dans le sens de l'épaisseur dans chaque côtelette.
Mélanger le fromage, les noix, le persil et la moutarde; en farcir les côtelettes. Fixer avec des cure-dents.
Faire chauffer l'huile, y faire dorer les oignons; les retirer. Ajouter les côtelettes et les faire dorer, à feu doux, à peu près 10 minutes. Ajouter les oignons, le bouillon de boeuf, couvrir et cuire au four, à 350° F (175° C), à peu près 50 minutes. Retirer les cure-dents avant de servir.

(6 portions)

Les brochettes de légumes frites

1 petite aubergine, coupée en 16 morceaux
2 poivrons verts moyens, coupés en 16 morceaux
16 petits champignons
16 petits oignons
2 zucchini moyens, coupés en 16 morceaux
⅓ tasse (75 ml) de fromage parmesan, râpé
1 tasse (250 ml) de chapelure
2 c. à soupe (25 ml) de persil frais, émincé
2 oeufs, battus
½ tasse (125 ml) d'huile végétale
4 gousses d'ail, coupées en quatre
4 feuilles de laurier

Monter 8 brochettes en faisant alterner les aubergines, les poivrons, les champignons, les oignons, les zucchini, jusqu'à épuisement des ingrédients.

Mélanger la chapelure, le fromage et le persil; déposer dans une assiette. Brosser les oeufs battus sur les brochettes et les enduire de chapelure. Faire chauffer la moitié de l'huile dans un grand poêlon; ajouter l'ail et les feuilles de laurier. Faire dorer légèrement l'ail, à feu moyen. Retirer l'ail et les feuilles de laurier, ajouter le reste de l'huile. Frire les brochettes en les tournant de temps à autre, à peu près 12 minutes, jusqu'à ce qu'elles soient bien dorées.

Servir sur du riz.

(8 portions)

Le riz aux noix de cajous

¾ tasse (175 ml) de noix de cajous
½ tasse (125 ml) de céleri, finement tranché
1 oignon moyen, haché
½ tasse (125 ml) de champignons, tranchés
4 c. à soupe (60 ml) de beurre
1 c. à thé (5 ml) de sel
½ c. à thé (2 ml) de thym
¼ c. à thé (1 ml) de poivre, frais moulu
2 tasses (500 ml) de riz
3 cubes de bouillon de poulet
4 tasses (1 l) d'eau

Faire fondre le beurre dans une marmite et ajouter les noix de cajous, le céleri, l'oignon et les champignons, à feu moyen, 5 minutes. Ajouter les autres ingrédients et porter à ébullition. Couvrir et réduire la chaleur. Laisser mijoter à feu doux, à peu près 25 minutes, jusqu'à ce que tout le liquide soit absorbé.

(8 portions)

Les lenguine du pêcheur

1 lb (500 gr) de filets de morue, congelés
¼ tasse (50 ml) d'huile d'olive
4 carottes moyennes, hachées finement
4 branches de céleri, haché finement
2 oignons moyens, hachés
1 tasse (250 ml) de jus de palourde
2 c. à soupe (25 ml) de sherry
1 ½ c. à thé (7 ml) de sel
1 c. à thé (5 ml) de turmeric
½ c. à thé (2 ml) de poivre
eau
1 boîte de moules dans leur jus
1 lb (500 gr) de lenguine
¼ tasse (50 ml) de farine
persil frais, émincé

Faire dégeler les filets de morue une quinzaine de minutes, à la température de la pièce. Faire chauffer l'huile à feu moyen dans une marmite. Ajouter les carottes, le céleri et les oignons et cuire jusqu'à ce que les légumes soient tendres. Ajouter le jus de palourde, le sel, le turmeric, le poivre, le sherry et 2 ½ tasses (625 ml) d'eau. Porter à ébullition, réduire la chaleur, couvrir et laisser mijoter, 10 minutes.

Couper les filets de morue en bouchées et les ajouter; ajouter les moules dans leur jus. Laisser mijoter, 10 minutes. Cuire les lenguine et égoutter. Délayer la farine dans ½ tasse (125 ml) d'eau et ajouter à la sauce.

Cuire en remuant doucement jusqu'à ce que la sauce épaississe un peu.

Servir sur les lenguine. Garnir de persil.

(8 portions)

Les concombres à la crème sure

3 concombres moyens, pelés
1 gros oignon
sel
eau glacée
½ tasse (125 ml) d'huile d'olive
½ tasse (125 ml) de vinaigre
1 tasse (250 ml) de crème sure
½ c. à thé (2 ml) de poivre, frais moulu
persil émincé
paprika

Trancher finement les concombres et l'oignon. Alterner des rangées de concombre et d'oignon dans un bol et saupoudrer généreusement chacune de sel. Ajouter assez d'eau glacée pour couvrir. Couvrir et réfrigérer plusieurs heures. Égoutter, rincer à l'eau courante et assécher. Ajouter l'huile et le vinaigre. Couvrir et mariner au réfrigérateur plusieurs heures. Égoutter, ajouter la crème sure et le poivre et bien mélanger. Garnir de persil et de paprika. (6 à 8 portions)

La salade de chou aux kiwis

1 chou vert moyen
1 cantaloup moyen, bien mûr
6 kiwis
1 tasse (250 ml) de fromage cottage en crème
½ tasse (125 ml) de mayonnaise
1 c. à soupe (15 ml) de sucre
1 c. à soupe (15 ml) de vinaigre de cidre
1 c. à thé (5 ml) de sel
¾ c. à thé (4 ml) de gingembre, moulu

Réserver les feuilles extérieures du chou pour décorer le bol de présentation. Râper le chou. Mettre le cantaloup en boules. Peler et trancher finement les kiwis. Mélanger le fromage, la mayonnaise, le sucre, le vinaigre, le sel et le gingembre. Ajouter au chou râpé, au cantaloup et aux kiwis et bien mélanger. Couvrir et réfrigérer plusieurs heures avant de servir. Tapisser le bol de présentation de feuilles de chou, puis déposer la salade. Garnir de tranches de kiwi, si désiré.

Le yogourt aux fraises

1 enveloppe de gélatine neutre
½ tasse (125 ml) de jus d'orange
¼ tasse (50 ml) de sirop de grenadine
2 tasses (500 ml) de fraises
2 tasses (500 ml) de yogourt nature
½ tasse (125 ml) de crème sure
2 blancs d'oeufs
¼ tasse (50 ml) de sucre

Saupoudrer la gélatine sur le jus d'orange et laisser reposer, 5 minutes, pour la ramollir. Déposer le bol dans un peu d'eau chaude et remuer doucement jusqu'à ce que la gélatine soit fondue. Laisser refroidir. Passer le sirop de grenadine, les fraises, le yogourt et la crème sure au mélangeur jusqu'à ce que le mélange soit onctueux et lisse. Ajouter le jus d'orange et la gélatine fondue. Déposer dans un moule à gâteau et congeler, 2 ou 3 heures, en remuant de temps à autre.

Battre les blancs d'oeufs jusqu'à ce qu'ils soient fermes et ajouter le sucre, 1 c. à soupe (15 ml) à la fois. Déposer le mélange partiellement congelé dans un grand bol et passer au malaxeur; ajouter rapidement la meringue et congeler, à peu près 2 heures.

Garnir de fraises fraîches au moment de servir, si désiré.

(8 à 10 portions)

Les conserves aux pruneaux et aux noix

4 tasses (1 l) d'eau
4 citrons, tranchés finement et épépinés
2 tasses (500 ml) de sucre
1 ½ tasse (375 ml) de pruneaux, dénoyautés et coupés en deux
1 ¼ tasse (300 ml) de noix de Grenoble, grossièrement hachées
¾ c. à thé (4 ml) de muscade, râpée
¼ tasse (50 ml) de porto

Cuire les citrons dans l'eau, 20 minutes, à découvert, jusqu'à ce qu'ils soient bien tendres. Mesurer le jus; il en faut 3 tasses (750 ml). Ajouter de l'eau, si nécessaire. Verser le jus sur les citrons, ajouter le sucre et les pruneaux et laisser mijoter à feu moyen, à peu près 30 minutes. Ajouter les autres ingrédients et verser dans des pots stérilisés. Sceller et conserver dans un endroit sec et frais. (6 petits pots)

La cuisine du

Scorpion

sensuelle, riche, personnelle

24 octobre - 22 novembre

Le Scorpion

Vous avez déjà reculé d'au moins quelques pas; désagréable mélange de peur et de respect. Il est Scorpion, il a la pire réputation. Il ne le sait que trop et ne se promène pas en demandant aux autres de quel signe ils sont. Il a le regard intense, il vous fixe longuement; fixez-le à votre tour, il ne bronchera pas. Très dérangeant ce regard, perçant, insistant; cette impression de ne rien pouvoir lui cacher. Vous avez bien raison. C'est déjà trop tard; il a tout vu.

Les traits sont accusés, le nez probablement important, peut-être même en bec d'oiseau. Le teint est très pâle, presque transparent. Le personnage n'est pas frêle. Beaucoup de calme extérieur, de contrôle, de présence. Il n'a pas le sourire automatique; son sourire est rare, mais franc. Le regard, la voix: magie et envoûtement. Et vous avez peur.

Je sais, on le dit cruel, mordant, blessant et rancunier. On dit beaucoup de choses; la queue, le venin... Avouons qu'il n'est pas un être de concessions. Le Scorpion sait très bien ce qu'il est et ce qu'il n'est pas; en bien et en mal. Si vous lui faites un compliment, il vous répondra très calmement que vous avez raison si c'est le cas. S'il ne réagit pas, c'est qu'il sait très bien que vous avez tort; il vous soupçonne probablement. Si vous lui demandez conseil ou tout simplement son avis, il vous servira la vérité toute crue. Mais vous le lui avez demandé!

Ambitieux, possessif, le Scorpion réussit toujours à atteindre le but qu'il s'est fixé; pas à pas, discrètement mais sûrement. Il semble doué d'une force presque magique. Celui-là n'oublie rien, surtout les gentillesses; on ne le dit peut-être pas assez. Il n'oublie pas non plus l'injustice, l'indifférence ou la méchanceté. Jamais. Il lui arrive de se venger et de blesser à son tour, il est vrai. Il lui arrive aussi de passer outre et c'est pire encore d'avoir à le revoir et de savoir qu'il n'a rien oublié.

Le Scorpion ne connaît pas la peur, il est doué d'une force intérieure peu commune face à l'adversité; oui, c'est du courage et parfois même de la folie. Le Scorpion se relève toujours ou il sombre un temps dans le désespoir le plus profond. Il gagne toujours. Il finit par avoir le dernier mot. Passionné, excessif, dur envers lui-même plus qu'envers les autres, le Scorpion s'attire souvent des problèmes de santé. Il est rarement malade, mais quand il l'est, c'est souvent sérieux.

Ses points sensibles sont les organes génitaux, le nez, la gorge, le coeur, la colonne vertébrale, le système circulatoire, les jambes et les chevilles. Il saigne souvent du nez et perd la voix en période de fatigue.

Allons, si vous trouviez le courage de l'apprivoiser...

Le Scorpion et la cuisine dans sa vie quotidienne

Le Scorpion est parfaitement capable, s'il le faut, de vivre dans un intérieur austère pendant un temps. Faites-lui confiance, il aspire à autre chose. Le Scorpion aime son intérieur; il se fait et se crée un intérieur. Je sais, nous en sommes tous là, mais chez lui c'est spécial.

C'est peut-être lui le parfait fouineur; il a le don de faire des trouvailles à bon compte là où d'autres ne songeraient pas à aller voir. C'est à se demander si les objets ne lui parlent pas. Tout chez lui semble avoir une histoire; il ne sait pas toujours laquelle. C'est presque palpable.

On le taquine parfois en lui faisant remarquer qu'il aime les gadgets. C'est vrai qu'il est bien équipé dans tout ce qu'il fait. Il ne lui viendrait pas à l'idée de ne pas avoir l'outil qu'il faut; il tient à se donner les moyens de bien travailler. Chose certaine, s'il s'est laissé tenter par une publicité et qu'il continue à utiliser un gadget, c'est qu'il est fonctionnel. Autrement, il s'en serait débarrassé.

Le Scorpion est très bien chez lui, il s'y sent bien et il a des tendances à la solitude. Celui-là ne s'ennuie pas en sa propre compagnie et il comprend mal ceux qui ont un besoin constant de s'entourer pour ne pas être seuls. Il ne fuit rien, il ne se fait pas peur.

Il n'est pas sage, c'est vrai. Il lui arrive souvent d'oublier de manger. Et il a tendance aux habitudes compulsives; ou il boit trop de café, ou il fume trop. Souvent les deux. Il grignote, mange en lisant ou en faisant autre chose.

Il aime beaucoup faire la cuisine. Il possède probablement des trésors de vieilles recettes qu'il a ramassées en secret et, bien sûr, améliorées. Il ne lui viendrait jamais à l'idée de suivre une recette religieusement. C'est un bricoleur de la cuisine; il en a compris tous les principes, il peut se permettre de perfectionner une recette sans risquer d'empoisonner les autres.

C'est dans l'intimité de sa vie quotidienne que le Scorpion joue le mieux de son sens de l'humour; il ne le montre peut-être pas assez à ceux qui ne sont pas de ses intimes. Qui partage son quotidien sait qu'on ne parle pas que de température à sa table. C'est au moment du repas qu'il se livre le mieux, mais toujours en nuances. Ses univers secrets le restent toujours. Son appétit est à la hauteur de son intuition, ce qui n'est pas peu dire. Y aurait-il quelque chose de presque sacré dans le rituel du repas pour un Scorpion? Il ne m'a pas répondu, mais il m'a regardée bien longtemps...

Le Scorpion et la cuisine dans sa vie sociale

Il est incroyable! Peut-être aurait-il dû se faire curé. Sérieusement! Vous lui avez encore tout raconté, je sais. Et pourtant, vous ne vous confiez que bien rarement. Soit, il est votre ami depuis bien longtemps; vous n'en revenez jamais, vous lui racontez toujours tout. Il est Scorpion, ce n'est que très normal.

Vous sortez manger avec lui, il vous laissera choisir le restaurant. Il aime bien, il est curieux. Et puis, votre choix vous révèle; il ne vous en dira rien. Vous mangerez très longtemps et il manifestera peut-être de l'impatience s'il n'arrive pas à faire ralentir le service. Il tient à profiter de votre compagnie; il a tout son temps. Il fait ça avec tout le monde et surtout avec ceux qu'il choisit.

Parce que c'est une clé, le Scorpion choisit les autres. Non, il ne les veut pas parfaits; il est d'une lucidité à faire peur. L'intelligence ne lui suffit pas, il préfère les gens brillants. Honneur, loyauté, courage; exigences envers lui-même et envers les autres. Le parfait confort!

Non, il ne viendra jamais chez vous à l'improviste. Et il faut parfois insister quand on l'invite. Tient-il à se faire désirer? Peut-être. Il sait être un invité charmant. Un peu distant au premier abord, sans doute. Pas très bavard en début de repas; il s'oriente, il mesure ses effets. Et le Scorpion est une bonne fourchette. Il porte fort bien l'alcool, merci...

Tout doucement, il prendra la parole. Il est parfois un peu tireur de «couverte», pas toujours. C'est surtout cette voix envoûtante; vous risquez de vous trouver, vous et vos invités, bouche bée devant lui. Pas toute la soirée, mais au moins quelques minutes. Il fera parler tout le monde. Il se dira des choses autour de votre table comme il s'en dit rarement. Sans en avoir l'air, il vous apprendra à mieux connaître vos amis.

Il ne tolère pas les gens mielleux, obséquieux. Il fera la leçon à qui se mêle de trahir une confidence. Non, il n'élèvera pas la voix; il en gardera le parfait contrôle, c'est pire. Et il fera des conquêtes, même si on ignore qu'il est Scorpion. Que d'exclamations si la chose se sait! Cette réputation de passionné, n'est-ce pas! Lui, dit-il, passionné? mais c'est une réputation vastement surfaite! Il sait si bien que non! Rassurez-vous, il est toujours très correct en public.

Et si vous faisiez du thé... il sait probablement tirer les feuilles de thé. Si quelqu'un souffrait de migraine, ne vous surprenez pas qu'il lui impose les mains; il sait beaucoup de choses qu'il vous cache. C'est très sérieux...

Quand le Scorpion reçoit

Le Scorpion ne déteste pas se faire interrompre par ses intimes. C'est qu'il fait la nuance entre ses connaissances, ses copains, ses camarades et ses intimes. Si vous êtes de ses amis et de ses intimes, vous savez bien que sa porte vous est toujours ouverte. D'ailleurs se présente-t-on à l'improviste chez quelqu'un quand on n'est pas de ses intimes!

Les gens qui vous parleront en mal de lui ne le connaissent pas toujours bien. Le Scorpion est d'une loyauté féroce envers ses amis qui le lui rendent bien, d'ailleurs. Oui, ça ressemble à un clan.

Si vous êtes de ses amis, vous lui avez probablement demandé au moins une fois de vous laisser un de ses meubles en héritage. On se prend d'affection pour les objets qui lui appartiennent. Ça l'amuse; il a l'intention de vous survivre.

Le confort est palpable chez le Scorpion; c'est habité et habitable. Un univers. On a l'impression de se laisser entraîner quelque part quand on entre chez lui; c'est très agréable.

Il aime bien qu'on vienne lui tenir compagnie dans la cuisine au moment de la préparation du repas. Si vous lui offrez de l'aider, il acceptera. Il ne vous fera pas travailler très fort. Il est bien organisé. Mais vous êtes peut-être un peu nombreux dans sa cuisine; si vous serviez les apéritifs? Il reçoit souvent, il a toujours plein de provisions. Il se souvient probablement de ce qu'il vous a servi il y a deux ans et ne se répétera pas à moins que vous n'insistiez. Vous insisterez d'ailleurs.

Chez un Scorpion on se prend toujours d'affection pour un plat en particulier; il aime bien. Il possède souvent congélateur, chambre froide, cave à vins et assez de provisions pour nourrir trois armées. Ne vous inquiétez pas, vous ne manquerez de rien. Le repas durera très longtemps, très. Et au moment de servir les alcools, il vous dira probablement qu'il ne sait trop ce qu'il a à vous offrir. Vous le connaissez mieux que ça! Je savais.

On a toujours envie de rester très longtemps chez lui, comme si on revenait aux sources. Ce n'est sûrement pas lui qui donnera le signal du départ; vous pouvez même rester à dormir. Lui, n'aura peut-être pas dormi; il est parfaitement capable de se priver de sommeil pour le plaisir de parler. Il est fascinant! C'est bien lui qui sème l'épouvante sur son passage?

Le Scorpion et la cuisine de conquête

Bien sûr, sa réputation l'a précédé. Vous vous attendiez à King Kong, pourquoi pas à Tarzan vous emportant dans son arbre! Vraiment! Vous pensiez qu'il allait vous sauter dessus, comme ça, devant tout le monde? Un fou! Et si vous aviez décidé de le mordre alors?

Le Scorpion se comporte toujours correctement en public; c'est une répétition, c'est dit pour vous rassurer. Votre réputation est sauve, il ne se fait que peu de souci pour la sienne. Une jase gentille, un peu longue même; vous êtes peut-être unique! Il vous a même dit admirer une de vos qualités; mais c'est un hommage à chérir! Le Scorpion ne fait jamais de compliments.

Enfin, l'invitation! Que de soucis vous vous faites! Il ne faut pas toujours se fier aux racontars. Bon, c'est un passionné; ça bouillonne sous cet extérieur calme et prudent. C'est vrai. Mais oubliez King Kong et Tarzan; vous vous préparez des déceptions. Il y a toutes sortes de bouillonnement, et le registre du Scorpion est très vaste. Calmez-vous, profitez un peu de la situation.

Il fait fort bien les choses. Si sa cuisine n'est pas franchement aphrodisiaque, elle sera au moins sensuelle. Mais non, il ne vous le fera pas remarquer, vous le prenez pour qui! C'est bon, non? Vous parlez beaucoup? Non, ce n'est pas le vin; c'est le Scorpion. Il parle; vous parlez. Il vous effleure parfois du bout des doigts, surtout du regard. Vous voudriez peut-être que... Ce que vous êtes vite en affaires! Parlez un peu!

C'est bien ce qui vous ennuie, vous parlez beaucoup et vous n'en avez pas du tout l'habitude. Il vous arrive même de passer pour une carpe. Et voici que vous vous racontez à perdre haleine et il ne pose même plus de questions. Lui se laisse deviner en nuances, il commente ce que vous lui racontez. Mais non, ne regardez pas l'heure; ce soir, le temps n'existe pas. Demain, on verra toujours.

Mais non, il ne vous nargue pas. Voyez comme il a les mains fébriles. Vous ne vous attendiez pas à la douceur, encore moins à la tendresse. Je parie que vous ne saviez pas ce que c'était que le toucher avant de le connaître. N'éteignez surtout pas, il fait presque jour. Vous avez enfin compris; adieu Tarzan!

Quel joli sourire vous faites ce matin! Ça y est, je vais me faire accuser d'avoir tenu la chandelle. Boff! Et si je vous confiais qu'il est bien rassuré de savoir que vous ne mordez pas...

Les plantes et les végétaux du Scorpion

Abricotier, pêcher, cèdre, cyprès, buis, amarante, myrrhe, gentiane, narcisse, champignon, houx, absinthe, basilic, chardon, oignon, salicorne, laitue, myrtille, groseille, oeillet, jasmin, bruyère, artichaut, asperge, rhubarbe.

Sa plante-talisman est l'ail qui diminue la tension et qui serait un désinfectant intestinal.

Le Scorpion a besoin de fer pour résister au stress et à la fatigue. Sont riches en fer : le chou, l'ail, l'oignon, les carottes, les céréales, les épinards, le pissenlit, les oeufs, le poisson, la volaille, le germe de blé et le foie de boeuf.

Le Scorpion a aussi besoin de magnésium qui retarde le vieillissement et la perte de vitalité. Sont riches en magnésium : le blé, le pain complet, l'avoine, l'orge, le maïs, le pollen, les dattes, le miel, les épinards et tous les légumes verts, les arachides, les noix, les fruits de mer et le thon.

Le Scorpion aurait, bien sûr, intérêt à faire moins d'excès et à pratiquer au moins un sport pour garder la forme.

On lui conseille aussi les frictions, les massages.

Et les tisanes de ginseng dont on dit beaucoup de bien...

Les recettes du

Scorpion

La soupe au champagne et aux fruits
Les champignons à la russe
Le veau aux châtaignes d'eau
Le canard aux pêches et au brandy
Les côtelettes de porc des Flandres
Le poulet à la sicilienne
Les pâtes à la grecque
Les haricots verts au sherry
La salade de boeuf à l'orientale
La salade d'avocat et de melon
Les florentines
Les prunes à l'armagnac

La soupe au champagne et aux fruits

⅓ tasse (75 ml) de sucre
¼ tasse (50 ml) de fécule de maïs
1 ½ tasse (375 ml) de nectar de poires
4 tasses (1 l) de poires, pelées et coupées en dés
2 c. à soupe (25 ml) de gingembre confit, finement haché
¾ tasse (175 ml) de brandy aux poires
6 oranges sans pépins
1 bouteille de champagne, refroidi
feuilles de menthe

Déposer le sucre, la fécule de maïs, le nectar aux poires et les poires dans une grande casserole. Porter à ébullition en remuant sans arrêt et cuire, 1 minute. Retirer du feu et ajouter le gingembre confit et le brandy aux poires. Couvrir et réfrigérer, au moins 2 heures.

Peler les oranges en enlevant toutes les membranes et séparer en sections en tenant au-dessus d'un bol pour attraper le jus. ajouter au mélange refroidi. Refroidir complètement. Passer au mélangeur et refroidir. Ajouter le champagne au moment de servir et garnir de feuilles de menthe, si désiré.

(8 à 10 portions)

Les champignons à la russe

1 lb (500 gr) de petits champignons
2 c. à soupe (25 ml) d'huile d'olive
2 c. à soupe (25 ml) de beurre
2 gousses d'ail écrasées et émincées
1 oignon, râpé
½ c. à thé (2 ml) de sauce soya
½ c. à thé (2 ml) de moutarde sèche
½ c. à thé (2 ml) de paprika
½ c. à thé (2 ml) de sel
quelques gouttes de sauce Worcestershire
poivre, frais moulu
1 c. à soupe (15 ml) de farine
1 tasse (250 ml) de crème sure

Faire chauffer l'huile et le beurre. Ajouter les champignons, l'ail, l'oignon, la sauce soya, la moutarde, le paprika, le sel et la sauce Worcestershire. Cuire, à feu moyen, en remuant, 1 minute. Couvrir, réduire la chaleur et laisser mijoter, 5 minutes. Mélanger la farine et la crème sure au malaxeur. Ajouter au mélange et réchauffer sans porter à ébullition. Ajuster les assaisonnements. Servir chaud, sur des craquelins. (8 à 10 portions)

Le veau aux châtaignes d'eau

2 c. à soupe (25 ml) de beurre
2 c. à soupe (25 ml) d'huile d'olive
3 lb (1,5 k) de veau en cubes
1 oignon moyen, haché finement
2 gousses d'ail, écrasées et émincées
1 ½ c. à thé (5 ml) de sel
¼ c. à thé (1 ml) de poivre, frais moulu
¼ tasse (50 ml) de beurre
1 lb (500 gr) de champignons, tranchés
1 tasse (250 ml) de bouillon de boeuf
1 tasse (250 ml) de châtaignes d'eau en conserve, égouttées
    et tranchées
quelques grains de muscade
2 feuilles de laurier
3 c. à soupe (50 ml) de fécule de maïs
2 tasses (500 ml) de crème à fouetter
¼ tasse (50 ml) de cognac

Chauffer le four à 375° F (190° C).

Faire chauffer l'huile et le beurre dans une grande casserole; ajouter les cubes de veau et faire brunir rapidement. Retirer la viande et ajouter l'oignon et l'ail; faire dorer à feu moyen, en remuant souvent. Saler et poivrer, ajouter la viande et cuire à feu très doux. Faire fondre le beurre dans un grand poêlon et cuire les champignons, à feu doux, jusqu'à ce qu'ils soient tendres. Ajouter les champignons à la viande; ajouter le bouillon de boeuf, les châtaignes d'eau, les grains de muscade et les feuilles de laurier. Couvrir et cuire au four, à 375° F (190° C), 1 ½ heure, jusqu'à ce que la viande soit bien tendre. Délayer la fécule de maïs dans un bol avec ½ tasse (125 ml) de crème, ajouter lentement 1 tasse (250 ml) du liquide de cuisson chaud en brassant sans arrêt. Ajouter à la viande, en remuant pour bien incorporer. Cuire à feu doux et ajouter lentement le reste de la crème et le cognac, en remuant sans arrêt pendant quelques minutes.

(6 à 8 portions)

Le canard aux pêches et au brandy

½ tasse (125 ml) de brandy
3 c. à soupe (50 ml) de cassonade
4 pêches, pelées, dénoyautées, coupées en tranches épaisses
2 canards moyens
2 c. à thé (10 ml) de sel
poivre, frais moulu
1 c. à soupe (15 ml) de beurre

Sauce au brandy
3 c. à soupe (50 ml) de beurre
3 c. à soupe (50 ml) de farine
1 ½ tasse (375 ml) de bouillon de poulet
le jus d'une orange
1 c. à soupe (15 ml) de jus de citron
1 c. à soupe (15 ml) de zeste de citron
1 c. à soupe (15 ml) de zeste d'orange
le sirop des pêches
2 c. à soupe (25 ml) de porto
sel et poivre, frais moulu

Chauffer le four à 400° F (205° C).

Verser le brandy et la cassonade sur les pêches et laisser mariner, 1 heure ou 2, à la température de la pièce en remuant de temps à autre. Saler et poivrer les canards et les cuire au four, sur une grille, à 400° F (205° C), 45 minutes. Laisser refroidir à peu près 1 heure, puis les couper en deux. Percer la peau avec une fourchette et les cuire au gril, à peu près 45 minutes. La peau sera croustillante, mais pas brûlée. Égoutter les pêches; réserver le sirop. Faire fondre le beurre et y faire sauter les pêches pour les réchauffer. Dresser les pêches et les canards sur un plat de service.

Pour préparer la sauce, faire fondre le beurre et y incorporer la farine; remuer sans arrêt jusqu'à ce que le mélange soit doré. Ajouter le bouillon, le jus d'orange et le jus de citron; cuire en remuant sans arrêt pour faire épaissir la sauce. Ajouter les zestes, le sirop, le porto et le poivre. Ajuster les assaisonnements. Servir la sauce en saucière. (4 portions)

Les côtelettes de porc des Flandres

6 côtelettes de porc
2 c. à soupe (25 ml) d'huile végétale
4 poireaux, partie blanche seulement, tranchés grossièrement
1 c. à thé (5 ml) de sel
¼ c. à thé (1 ml) de poivre, frais moulu
12 pruneaux
¼ tasse (50 ml) de bouillon de poulet
¾ tasse (175 ml) de vin rouge sec
¼ c. à thé (1 ml) de toute-épice
1 c. à soupe (15 ml) de farine
1 c. à soupe (15 ml) de beurre

Dégraisser les côtelettes. Faire chauffer l'huile dans un poêlon et faire brunir les côtelettes, les déposer sur une assiette. Faire sauter les poireaux jusqu'à ce qu'ils soient dorés; ajouter les côtelettes, saler et poivrer. Ajouter les pruneaux, le bouillon de poulet et ⅓ du vin. Ajouter le toute-épice. Couvrir et laisser mijoter à peu près 20 minutes, jusqu'à ce que les côtelettes soient tendres. Déposer les côtelettes, les poireaux et les pruneaux sur un plat de service. Ajouter le reste du vin au liquide de cuisson et porter à ébullition; réduire de moitié. Mélanger la farine et le beurre pour obtenir une pâte homogène, ajouter et cuire en remuant sans arrêt pour faire épaissir la sauce. Ajuster les assaisonnements et napper la sauce sur les côtelettes. (6 portions)

Le poulet à la sicilienne

1 aubergine
1 c. à soupe (15 ml) de sel
3 poitrines de poulet, désossées, peau enlevée, et coupées en deux
½ c. à thé (2 ml) de sel
¼ c. à thé (1 ml) de poivre, frais moulu
farine
1 c. à soupe (15 ml) de beurre
⅓ tasse (75 ml) d'huile d'olive
1 oeuf battu avec 2 c. à soupe (25 ml) d'eau
2 tasses (500 ml) de sauce spaghetti
½ lb (250 gr) de fromage mozzarella, tranché en six

Chauffer le four à 400° F (205° C).

Peler l'aubergine, couper les bouts et trancher en six. Saler et laisser reposer, 30 minutes, pour dégorger. Rincer et assécher.

Placer les poitrines de poulet entre deux feuilles de papier ciré et les aplatir en tranches très minces. Saler et poivrer, enfariner légèrement.

Chauffer le beurre et 1 c. à soupe (15 ml) d'huile d'olive dans un poêlon, y faire dorer le poulet à peu près 5 minutes. Déposer le poulet sur du papier absorbant.

Enfariner l'aubergine, passer à l'oeuf. Chauffer le reste de l'huile et faire dorer l'aubergine; déposer sur du papier absorbant.

Déposer la moitié de la sauce dans une casserole peu profonde. Déposer le poulet, l'aubergine et le fromage; ajouter le reste de la sauce.

Cuire au four, à 400° F (250° C), 10 minutes. (6 portions)

Les pâtes à la grecque

La sauce à la crème
6 c. à soupe (90 ml) de beurre
¼ tasse (50 ml) de farine
3 tasses (750 ml) de crème légère
1 tasse (250 ml) de bouillon de poulet
½ tasse (125 ml) de fromage parmesan ou asiago, râpé
1 c. à thé (5 ml) de sel
¼ c. à thé (1 ml) de poivre, frais moulu

La viande
1 tasse (250 ml) d'oignons émincés
2 c. à soupe (25 ml) de beurre
2 lb (1 k) de ronde, hachée
1 c. à thé (5 ml) de cannelle
½ c. à thé (2 ml) de muscade
½ c. à thé (2 ml) de toute-épice
2 c. à thé (10 ml) de sel
½ c. à thé (2 ml) de poivre, frais moulu
¾ tasse (175 ml) de pâte de tomate
¼ tasse (50 ml) de vin blanc sec

Les pâtes
1 lb (500 gr) de macaroni ou de ziti, brisés
3 oeufs
¾ tasse (175 ml) de fromage parmesan ou asiago, râpé
2 c. à soupe (25 ml) de beurre, à la température de la pièce

Chauffer le four à 350° F (175° C).

Pour préparer la sauce, faire fondre le beurre dans une grande marmite, incorporer la farine et cuire 1 minute, en remuant sans arrêt. Réduire la chaleur, ajouter la crème et le bouillon et remuer jusqu'à consistance lisse. Cuire, en remuant sans arrêt, jusqu'à ce que la sauce épaississe. Incorporer le fromage, le sel et le poivre et remuer jusqu'à ce que le fromage soit fondu. Couvrir et retirer du feu.

Pour préparer la viande, faire fondre le beurre dans un grand poêlon, y faire sauter les oignons sans les faire dorer. Ajouter la viande et la faire sauter. Égoutter le gras de la viande et des oignons en passant au tamis; déposer la viande et les oignons dans le poêlon. Ajouter la cannelle, la muscade, le toute-épice, le sel, le poivre, la pâte de tomate et le vin. Incorporer et porter au point d'ébullition. Réduire la chaleur et laisser mijoter, à découvert, 15 minutes.

Cuire les pâtes et les égoutter. Battre les oeufs et ajouter ½ tasse (125 ml) de fromage. Incorporer aux pâtes.

Beurrer une casserole, déposer la moitié du mélange de pâtes, puis 1 tasse (250 ml) de la sauce; ajouter toute la viande, puis la même quantité de sauce. Ajouter le reste des pâtes et le reste de la sauce. Saupoudrer le reste du fromage sur la sauce.

Cuire au four, à découvert, à 350° F (175° C), 35 minutes. Laisser refroidir 15 minutes avant de servir.

(8 à 10 portions)

Les haricots verts au sherry

2 lb (1 k) de haricots verts, lavés et équeutés
2 c. à soupe (25 ml) de beurre
1 oignon, finement haché
2 gousses d'ail, finement hachées
1 tasse (250 ml) de champignons, finement tranchés
2 c. à soupe (25 ml) de farine
1 c. à thé (5 ml) de sel
¼ c. à thé (1 ml) de poivre, frais moulu
½ tasse (125 ml) de bouillon de boeuf
½ tasse (125 ml) de crème à fouetter
3 c. à soupe de sherry sec

Cuire les haricots à l'eau bouillante, 7 minutes; ils seront tendres sans être mous. Égoutter soigneusement et garder à la chaleur.

Faire fondre le beurre dans une marmite; y faire sauter l'oignon et l'ail à feu moyen, 5 minutes. Ajouter les champignons et faire sauter, 5 minutes. Retirer du feu. Ajouter la farine, le sel et le poivre, incorporer le bouillon et la crème jusqu'à ce que la sauce soit lisse. Cuire quelques minutes en remuant, pour faire épaissir la sauce, ajouter le sherry, cuire 2 minutes et incorporer aux haricots.

(8 portions)

La salade de boeuf à l'orientale

1 petit steak, cuit, dégraissé et tranché
4 tasses (1 l) d'asperges, coupées en diagonale
2 tasses (500 ml) de têtes de brocoli

Vinaigrette au gingembre
⅓ tasse (75 ml) de sauce soya
¼ tasse (50 ml) de vinaigre blanc
3 c. à soupe (50 ml) d'huile végétale
1 c. à soupe (15 ml) de gingembre frais, râpé
1 c. à thé (5 ml) de sucre
¼ c. à thé (1 ml) de poivre, frais moulu

Blanchir les asperges, 30 secondes; égoutter et laisser refroidir. Blanchir les brocolis, 30 secondes; égoutter et laisser refroidir. Mélanger les ingrédients de la vinaigrette, de préférence quelques heures avant de servir.

Au moment de servir, verser de la vinaigrette sur la viande et mélanger soigneusement. Ajouter les légumes et le reste de la vinaigrette; mélanger soigneusement. Servir à la température de la pièce.

(4 portions)

La salade d'avocats et de melon

8 onces (250 gr) de fromage à la crème, à la température
  de la pièce
¼ tasse (50 ml) de lait
¾ c. à thé (4 ml) de gingembre
¼ c. à thé (1 ml) de muscade
1 petite boîte de limonade concentrée, décongelée
3 avocats, coupés en cubes grossiers
1 cantaloup, coupé en cubes grossiers
feuilles de laitue

Passer au malaxeur le fromage à la crème, le lait, le gingembre, la muscade et 3 c. à soupe (50 ml) de limonade concentrée, jusqu'à consistance lisse.

Verser le reste de la limonade sur les fruits et mélanger.

Servir sur des feuilles de laitue, déposer le mélange au fromage à la crème sur les fruits.

(6 portions)

Les florentines

1 tasse (250 ml) d'amandes tranchées
½ tasse (125 ml) de zeste d'orange confit, finement haché
¼ tasse (50 ml) de cerises confites, finement hachées
1 c. à thé (5 ml) de zeste de citron, râpé
¼ tasse (50 ml) de farine
¼ tasse (50 ml) de beurre
¼ tasse (50 ml) de sucre

¼ tasse (50 ml) de miel
¼ tasse (50 ml) de crème à fouetter
12 carrés de chocolat, semi-sucré
¼ tasse (50 ml) de beurre

Chauffer le four à 350° F (175° C).

Mélanger les amandes, le zeste d'orange, les cerises confites, le zeste de citron et la farine dans un petit bol.

Mélanger le beurre, le sucre, le miel et la crème dans une petite marmite. Chauffer doucement en remuant sans arrêt, jusqu'au point d'ébullition. Retirer du feu et incorporer les amandes et les fruits.

Déposer sur des tôles à biscuits graissées, en espaçant bien. Cuire au four, 10 minutes, à 350° F (175° C), jusqu'à ce que les florentines soient bien dorées. Laisser refroidir sur la tôle à biscuits, à peu près 1 minute, déposer à la spatule, côté plat sur le dessus, sur une grille à gâteau pour les faire refroidir.

Faire fondre le chocolat et le beurre au bain-marie. Appliquer en couche mince sur le côté plat des florentines et laisser durcir dans un endroit frais. Entreposer dans des contenants hermétiquement fermés; disposer en rangs, séparés de papier ciré.

(À peu près 6 douzaines)

Les prunes à l'armagnac

à peu près 4 livres (2 k) de prunes jaunes
1 bouteille d'armagnac
2 tasses (500 ml) de sucre
1 tasse (250 ml) d'eau

Laver et stériliser les bocaux. Laver et assécher les prunes; les disposer dans les bocaux. Faire un sirop avec le sucre et l'eau, ajouter l'armagnac. Ne pas porter au point d'ébullition, une fois l'armagnac ajouté; réchauffer simplement. Verser sur les prunes et couvrir. Sceller les bocaux et conserver dans un endroit sec et frais à l'abri de la lumière, au moins six mois avant de consommer.

Si vous avez beaucoup de patience, vous ferez comme nous et attendrez cinq ans. Délicieux!

(4 gros bocaux)

La cuisine du

Sagittaire

exotique, aventureuse, solide

23 novembre - 21 décembre

Le Sagittaire

Il marche la tête haute, l'air de quelqu'un qui sait parfaitement bien où il s'en va. Il vient de perdre pied : c'est la faute du trottoir. Non pas celle du Sagittaire. Il ne regarde jamais où il marche, il a autre chose à faire. Le front est large, les sourcils très fournis, le regard brillant, coquin, amusé.

Non, pas en ce moment; il en a contre le trottoir. Il a les bras partout, il mesure rarement ses gestes. Pauvre madame, il ne vous avait pas vue! Qu'à cela ne tienne, il vous parlera du trottoir avant de s'excuser. Vous ne lui en voudrez pas; le sourire, la voix charmeuse, il replace une mèche de cheveux comme un petit garçon que sa maman a oublié de coiffer. N'allez pas jusqu'à le remercier, il est capable de recommencer!

Le Sagittaire est un être de contrastes et de contradictions. Intelligent, énergique, débrouillard, travailleur, il réussira à vous convaincre qu'il est le pire des paresseux; vous croirez peut-être même qu'il vit dans les nuages. Manipulateur... il vous l'avait bien dit aussi que ce n'est pas sérieux ces gens qui se mêlent de décrire les autres; l'astrologie, les bébelles, lui... Manipulateur, dis-je, dominateur et, plus souvent qu'à ses heures, il rêve de force et de pouvoir. Il se sait fort, capable, résistant. C'est d'abord lui-même qu'il tente de dominer et s'il rêve de pouvoir c'est qu'il se sait porteur de tant de projets grandioses pour transformer l'univers. Il réussit souvent; c'est un ouvreur, mieux, un défonceur de portes. Celui-là apprivoise le risque très jeune.

Agréable, gentil, aimable, grégaire, le Sagittaire est capable des pires colères. Rarement sans provocation cependant. Il suffit parfois de bien peu, hélas, pour provoquer sa colère. Et quelles colères! De courte durée, mais marquantes! Je sais, je suis bien généreuse. Il ne comprend pas pourquoi ses colères nous impressionnent tant; lui, un ours? Il dit ce qu'il a à dire et il y pense après. Il a le sens de l'humour folichon, voire grivois, et s'il dit souvent des énormités c'est autant pour mesurer ses effets que pour faire au moins un peu peur aux bonnes gens. Pourtant il a de la pudeur et de la timidité.

Ses points sensibles sont les hanches, les cuisses, le foie, les poumons, les bras, les jambes, les épaules, les intestins et les pieds. Il doit se soucier de l'état de son foie et savoir qu'il est sujet à l'hépatite virale.

Celui-là n'est pas fait pour vivre enfermé, il est fait pour le mouvement et l'action. Malade, il se révolte et récupère très rapidement. Essayez seulement de le suivre. La joie de vivre, vous connaissez?

Le Sagittaire et la cuisine dans sa vie quotidienne

Il vous dira qu'il est parfaitement capable de vivre n'importe où. C'est vrai, mais seulement quand il est en voyage. Se passer de la satisfaction de l'aise et du confort chez lui, jamais. Quoi qu'il en dise. Il aime régner chez lui comme un roi en son royaume, quand il y est.

Son intérieur est à son image, solide, confortable. Il ne déteste pas le luxe et il a parfois tendance à surcharger son décor. Il voyage tellement, s'intéresse à tant de choses. Il affectionne les objets et «accroche» parfois dans les tiroirs ce qu'il n'aime plus ou ce qui le gêne; il n'y a pas de galerie de portraits de famille chez lui.

Il déteste faire du ménage : il faut sans cesse recommencer! Où sont tous ces petits Chinois qu'il a achetés quand il était enfant, maintenant qu'il en a besoin. Il a fait son lit? Mais applaudissez! Puisqu'il le faut, son intérieur est à peu près présentable, même s'il rouspète.

Le Sagittaire se réveille en pleine forme; un oiseau! Il dort merveilleusement bien, récupère à la perfection. Ronflent-ils tous? Il est en pleine forme, prêt à partir. Il prend souvent le petit déjeuner à l'extérieur en lisant les journaux. Il les lit tous, il ne supporterait pas d'ignorer ce qui se passe dans le monde.

Il déteste les horaires et quand il s'en impose, il ne s'y soumet pas longtemps. C'est de la provocation que de tenter de lui en imposer et vous vous doutez bien que, chez lui, les repas sont rarement servis à heures fixes. Pourtant il ne souffre pas que les autres soient en retard; s'il leur était arrivé malheur! Il leur servira une de ses très saintes colères plutôt que d'avouer qu'il s'inquiétait.

Il ne mange pas forcément trois fois par jour et si quelqu'un d'autre fait la cuisine, il préfère les mijots aux soufflés; c'est une cuisine qui sait attendre. Il est en général assez bon cuisinier quand il en a le temps, quand il en a envie. Il mêle les plus incroyables assaisonnements, parfois avec génie. Se méfier toutefois de ses marinades. Il a beaucoup d'appétit, grignote beaucoup et souvent, rarement des branches de céleri.

Généreux, sa porte est toujours ouverte et il gardera à manger ceux qui arrivent chez lui à l'improviste. On se croirait parfois dans un moulin. Il mange très vite, trop; et chez lui les repas durent très longtemps. Je sais, les contradictions. Ce qu'il parle! Et il raconte si bien; ses intimes ne s'ennuient jamais.

Et le rire pour bien digérer, mais c'est parfait! Non, il ne tient pas à ce que qui partage sa vie se contente d'être son public, pas vraiment. Et ses colères ne sont pas forcément ration quotidienne, vous le savez bien.

Le Sagittaire et la cuisine dans sa vie sociale

Le Sagittaire aime beaucoup manger au restaurant; il a souvent un restaurant préféré. Bien sûr, il connaît tout le monde! Et il prend toujours le temps de faire la belle manière à toutes les serveuses, même à la jeune fille pâle et faible qui vient vendre des roses. Lui, flirt? Madame Sagittaire aussi; ça existe des serveurs!

On lui demande souvent conseil, peut-être parce qu'il sait si bien se mettre à la place des autres. Probablement pas parce qu'il a du tact. Vous êtes son ami, vous avez une peine d'amour; il vous consolera, promis. Il vous dira de ne pas vous inquiéter; il en est sûr, ça existe quelque part une femme qui n'a pas d'objection à sortir avec un nain. Même qu'il veut vous présenter une de ses amies; elle est peut-être un peu grande, qu'à cela ne tienne. Ne vous étouffez pas; vous en avez entendu d'autres. Il est votre meilleur ami, vous ne lui en voulez pas. Je sais, je vous comprends; je le connais. Et je sais que, malgré les apparences, vous n'êtes pas masochiste.

Il viendra chez vous à l'improviste si vous êtes de ses amis; pas tous les jours, mais ça lui arrive. Et jamais les mains vides; il est peut-être même passé faire l'épicerie s'il sait que vous êtes en difficulté. C'est sans doute un peu trop...

Si vous l'invitez à dîner, tâchez que l'occasion ne soit pas trop formelle à moins que vous n'ayez, comme lui, le goût du risque. Le mettre en présence de gens qui se prennent trop au sérieux ou qui jouent trop d'importance pendant plus de quelques minutes, c'est faire preuve de courage ou de folie. Personnellement j'adore les spectacles et parfois même les émotions fortes. Vous, je n'en sais rien.

Chose certaine, vous ne vous ennuierez pas. Regardez-le s'installer à table. S'il pousse son verre, n'allez surtout pas croire qu'il n'a pas soif; il sait bien qu'il risque de le renverser en parlant. Il s'installera de façon à voir tout le monde: il prend un peu de place. Non, le silence ne régnera pas à table ce soir, je vous le promets. Il fera rire tout le monde, au moins une fois. Curieux de tout et de tous, il accumule les statistiques les plus invraisemblables. Tout l'amuse: la vie, lui-même. Qu'un de vos invités pleure la mort de sa femme, il lui dira où se trouve le village qui a le plus haut pourcentage de veuves riches; il y est allé, il peut même lui en nommer. C'est que je n'exagère pas!

On ne lui en voudra pas: le Sagittaire est toujours très entouré. C'est difficile d'en vouloir à qui sait si bien ne pas se prendre au sérieux, faire rire et sourire, même quand on n'en a pas envie...

Quand le Sagittaire reçoit

Avez-vous déjà remarqué comme il est en forme? C'est à croire qu'il ne s'épuise jamais. J'en suis sûre, il y a là un secret. À peine a-t-il fermé l'oeil qu'il est prêt à repartir. Vit-il comme on part en voyage? Je le soupçonne de recevoir pour se reposer, et je ne suis probablement pas la seule.

Il n'affectionne pas particulièrement les formalités. Il en est capable, comme tout le monde, mais pas longtemps. Il mène probablement plusieurs projets de front; il a des dizaines de rêves qui attendent le moment de se transformer en projets. Il est chanceux, c'est vrai: il a le don d'être là où il le faut au bon moment.

Le Sagittaire fait plus que recevoir; il accueille les autres chez lui. C'est très différent. Et pas forcément seulement à dîner; il donnerait parfois sa chemise s'il s'écoutait. C'est très fort chez lui ce besoin de venir au secours de qui a besoin de lui. Souvent naïf et candide, il a beaucoup d'intuition. Et s'il lui arrive plus qu'à d'autres de se laisser berner, ce n'est jamais d'avoir manqué de coeur.

Le Sagittaire a, vous le savez bien, le don de s'entourer de gens qui ne sont pas la copie conforme les uns des autres. Il a un respect sans borne pour qui sait oser, risquer, foncer et ne jamais lâcher; c'est ça pour lui la force. Et si on sait s'amuser en plus, on sait vivre. Pour un Sagittaire, vivre c'est à la fois très sérieux et très amusant. On l'accuse parfois de ne pas entretenir ses amitiés; ce n'est pas tout à fait juste. Épris de liberté et d'indépendance, il nous croit tous semblables.

Vous vous en doutiez, sa table sera généreuse et le vin coulera à flot. À moins d'avoir appris la sagesse, il ne mangera ni crudités, ni salade. Il en servira. Il y aura peut-être des enfants à sa table; il sait devenir l'ami des enfants des autres. Vous mangerez des heures durant et, ici, la bonne humeur est de rigueur. Non, vous ne prendrez probablement pas le café au salon, et les desserts et le fromage resteront sur la table longtemps après la fin du repas. Je vous promets au moins un personnage très coloré à sa table: un Bulgare sans parapluie, quelqu'un qui rêve de devenir pianiste dans l'armée... Le Sagittaire expliquera à tout le monde comment installer un piano sur une bicyclette pour les parades et félicitera le Bulgare.

C'est bien précieux l'amitié d'un Sagittaire. Si ce n'est pas forcément croire au Père Noël, ni porter des lunettes roses en permanence, c'est peut-être apprendre par l'exemple que les rêves sont utiles et qu'avec un peu de chance, d'humour et une pincée de génie, ils deviennent souvent réalité. C'est aussi s'exposer à la franchise la plus totale et peut-être découvrir le courage de la curiosité et de l'aventure.

Le Sagittaire et la cuisine de conquête

Je sais, il a la réputation d'être volage; que dis-je, tombeur! Il a, c'est vrai, cette réputation et il a probablement travaillé très fort à l'entretenir. Reconnaissons le mérite où il est et je vous laisse le soin de lui faire la morale si ça vous chante. Que je vous dise cependant que le moment serait peut-être mal choisi...

Il sait tourner un compliment. Oui, il y a un peu du chasseur en lui, il ne s'en défend d'ailleurs pas du tout. Et il a l'oeil: peu de choses lui échappent. Et c'est bien souvent son effronterie candide qui lui fait gagner la partie. Oui, il veut gagner! Il vous le dira. Il est tout ce qu'il y a de franc, ce cher Sagittaire, et en conquête plus qu'ailleurs. S'il cherche l'aventure, c'est précisément ce qu'il vous proposera. Cette manie que vous avez de ne pas croire les autres sur parole! Avec le Sagittaire, ça risque de vous jouer de bien vilains tours.

Parce que ce n'est pas ce que vous cherchez? Mais c'est à lui que vous devez le dire. Le Sagittaire a d'ailleurs le talent de s'attirer les attentions de qui voudrait le réformer, les empêcheurs de rêves de tous calibres sentent bien qu'il y a chez lui quelque chose à mater. Ce que je les plains, et lui surtout.

Vous avez accepté son invitation. Non, il ne vous a pas proposé ses gravures, ni sa collection de timbres. Voyons, un peu de sérieux! Il a mis quelque chose à mijoter, dressé la table, fait son tour du propriétaire très rapide, mis de la musique. Regardez-le; il vous a servi l'apéritif et il se frotte déjà les mains. C'est le geste de qui attend, peut-être même déjà celui du vainqueur. Il rougirait probablement si le geste était conscient...

Vous passez à table et le Sagittaire éteint le système de son. Rien ne viendra distraire votre entretien. Rien non plus ne viendra l'empêcher de vous regarder droit dans les yeux. Oui, il pousse son verre, la bouteille de vin, tout ce qu'il risquerait de renverser en parlant. Regardez un peu ses mains, belles, vivantes, expressives. Elles viennent insister sur tout ce qu'il dit, toujours. Le geste est large, englobant; ce n'est pourtant pas excessif. Oui, il a les gestes beaux.

Vous n'êtes pas trop timide au moins? Il y a ce petit côté taquin chez lui auquel il aime bien qu'on réponde. Vous parlerez beaucoup et vous rirez beaucoup. Le Sagittaire veut connaître vos rêves, tous vos rêves. Et vous parlerez d'amour, j'en jurerais. Parce qu'il cherche l'amour depuis toujours malgré la peur qu'il en a et les vulnérabilités qu'il ne se connaît que trop. Je sais tout ce dont il est capable; vous en rêverez longtemps. Et s'il venait vous chercher un jour, un bouquet de pissenlits à la main... Oui, les miracles! C'est qu'il y croit lui aussi.

Les plantes et les végétaux du Sagittaire

Asperge, bétoine, figue, framboise, persil, santal, nard, laurier, hêtre, frêne, poirier, prunier, cerisier, bouleau, chêne, canne à sucre, seringat, marjolaine, lin, violette, fougère, genêt, lavande, orchidée, pois de senteur, vanille.

Sa plante-talisman est la sauge qui est digestive et qui régularise la circulation.

Le Sagittaire a besoin de sodium qu'il trouvera dans presque tous les aliments.

Le Sagittaire a aussi besoin de fer pour résister au stress et à la fatigue. Sont riches en fer : le chou, l'ail, l'oignon, les carottes, les céréales, les épinards, le pissenlit, les oeufs, le poisson, la volaille, le germe de blé et le foie de boeuf.

Le Sagittaire a enfin besoin de potassium pour le tonus musculaire. Sont riches en potassium : les abricots, les bananes, les dattes, les figues, les raisins secs, les graines de tournesol, le blé, le riz, les pommes de terre, les fruits de mer, les olives, les céréales, les tomates, le céleri et les champignons.

On lui conseille d'éviter les aliments trop riches, et de prendre des infusions à la menthe et à la mélisse après les repas pour protéger son foie.

Le sait-il ? Les feuilles de chou écrasées et appliquées en compresses quand il a des douleurs : un très précieux secret de grand-mère !

Et s'il perd ses cheveux, il fera macérer des feuilles de capucine dans de l'huile d'olive et se fera des massages.

Les recettes du

Sagittaire

La crème d'arachides
La tarte aux oignons et au fromage
La surlonge marinée
La morue à la portugaise
Le veau à la sauce aux pacanes
Les cailles au vin blanc
L'oie farcie aux pruneaux
Le jambon à l'orange
Le porc au vin rouge
Les pommes de terre râpées à la crème sure
Les fraises au Grand Marnier

La crème d'arachides

½ tasse (125 ml) d'oignons, finement hachés
2 c. à soupe (25 ml) de beurre
1 tasse (250 ml) d'arachides rôties, finement moulues
2 tasses (500 ml) de pommes de terre cuites, coupées en cubes
4 tasses (1 l) de bouillon de boeuf
1 tasse (250 ml) de crème légère
sel et poivre, frais moulu
2 c. à soupe (25 ml) de ciboulette, hachée

Faire fondre le beurre et faire sauter l'oignon pour le ramollir. Passer l'oignon, les arachides, les pommes de terre et un peu du bouillon au mélangeur jusqu'à consistance lisse et homogène. Verser dans une marmite, ajouter le reste du bouillon; couvrir et laisser mijoter 15 minutes. Incorporer la crème, saler et poivrer; réchauffer sans porter au point d'ébullition. Vérifier l'assaisonnement et servir dans des bols chauds. Garnir de ciboulette hachée.

(6 à 8 portions)

La tarte aux oignons et au fromage

1 abaisse de pâte
1 tasse (250 ml) de fromage cheddar blanc, râpé
3 gros oignons, tranchés
sel et poivre, frais moulu
½ c. à thé (2 ml) de muscade
1 c. à soupe (15 ml) de beurre fondu

Chauffer le four à 375° (190° C).
Déposer l'abaisse dans une assiette à tarte. Faire alterner des rangs de fromage et d'oignon. Terminer par un rang d'oignon; arroser de beurre fondu. Saler et poivrer, saupoudrer de muscade.
Cuire au four, à 375° F (190° C), 25 à 30 minutes, jusqu'à ce que le dessus soit doré. Servir chaud.

(6 à 8 portions

La surlonge marinée

1 rôti de pointe de surlonge
1½ tasse (375) d'huile d'olive
½ tasse (125 ml) de vinaigre de vin
¼ tasse (50 ml) de câpres, égouttées
3 gousses d'ail, émincées
2 c. à soupe (25 ml) de ciboulette, émincée
1½ c. à thé (7 ml) de sucre
1½ c. à thé (7 ml) de moutarde sèche
1½ c. à thé (7 ml) d'origan, écrasé
1½ c. à thé (7 ml) de poivre, frais moulu
¼ c. à thé (1 ml) de sauce au poivre fort
feuilles de cresson
tomates à salade, coupées en deux
1 oignon rouge, coupé en quatre et tranché finement

Chauffer le four à 325° F (160° C).

Déposer le rôti sur la grille d'une rôtissoire ouverte, côté gras sur le dessus, et cuire à votre degré de cuisson préféré. Retirer du feu et laisser refroidir.

Dans un pot, mélanger l'huile, le vinaigre, les câpres, l'ail, la ciboulette, le sucre, la moutarde, l'origan et le poivre. Fermer le pot et secouer énergiquement pour bien mélanger les ingrédients.

Découper le rôti en tranches très fines et verser la moitié de la marinade sur la viande. Couvrir et réfrigérer 12 heures.

Servir, garni de feuilles de cresson, de moitiés de tomates et d'oignon rouge tranché. Servir le reste de la vinaigrette en saucière.
(6 à 8 portions)

La morue à la portugaise

2 lb (1 kg) de filets de morue
2 gousses d'ail, coupées en deux
1 c. à soupe (15 ml) d'huile d'olive
½ tasse (125 ml) d'oignons, hachés
½ tasse de champignons, tranchés

2 c. à soupe (25 ml) de câpres, égouttées
3 c. à soupe (50 ml) de persil, haché
4 tomates, pelées, vidées et hachées grossièrement
1 tasse (250 ml) d'eau
1 c. à thé (5 ml) d'origan
1½ c. à thé (7 ml) de sel

Faire chauffer l'huile dans un poêlon, y faire dorer l'ail. Ajouter les oignons et les champignons et les faire sauter quelques minutes pour les ramollir. Ajouter les câpres, le persil, les tomates, l'eau, l'origan et un peu de sel; laisser mijoter 10 minutes en remuant de temps à autre. Assécher les filets de morue, les saler et les déposer sur les légumes. Couvrir et faire mijoter à feu doux 15 minutes, jusqu'à ce que le poisson soit tendre (6 portions)

Le veau à la sauce aux pacanes

2 lb (1 k) de veau en cubes
½ tasse (125 ml) d'eau
½ tasse (125 ml) d'oignons, hachés
1 cube de préparation de bouillon de poulet
2 gousses d'ail, émincées
1 c. à thé (5 ml) de sel
½ c. à thé (2 ml) de thym, écrasé
½ c. à thé (2 ml) d'origan, écrasé
½ tasse (125 ml) de noix de pacanes, hachées
1 c. à soupe (15 ml) de beurre
3 c. à soupe (50 ml) de farine
½ tasse (125 ml) de crème sure

Déposer le veau, l'eau, la moitié des oignons, le cube de bouillon de poulet, l'ail, le sel, le thym et l'origan dans une marmite. Porter à ébullition. Réduire la chaleur, couvrir et laisser mijoter à peu près 1 heure.

Égoutter la viande, mesurer le jus de cuisson et ajouter de l'eau pour obtenir 1½ tasse (375 ml) de liquide.

Faire fondre le beurre et sauter le reste de l'oignon et les pacanes; l'oignon sera tendre mais ne brunira pas. Retirer du feu. Mélanger la farine et la crème sure et incorporer au liquide de cuisson. Ajouter à la viande, ajouter les oignons et les pacanes. Cuire en remuant sans arrêt jusqu'à ce que la sauce épaississe. Servir sur du riz. (6 portions)

Les cailles au vin blanc

2 c. à soupe (25 ml) d'huile d'olive
2 c. à soupe (25 ml) de beurre
8 cailles
½ tasse (125 ml) de bacon, coupé en cubes
1 oignon, haché
2 carottes, hachées
1 feuille de laurier
1 c. à soupe (15 ml) de persil
1 c. à thé d'herbes de Provence
sel et poivre, frais moulu
1½ tasse (375 ml) de bouillon de poulet
1½ tasse (375 ml) de vin blanc sec

Faire chauffer l'huile et le beurre dans un grand poêlon, y faire dorer soigneusement les cailles. Retirer du feu et jeter le gras.

Faire dorer le bacon sans qu'il devienne croustillant. Réduire la chaleur, ajouter les oignons et les faire sauter jusqu'à ce qu'ils ramollissent.

Ajouter les carottes, les cailles, le laurier, le persil, les herbes de Provence, le sel, le poivre, le bouillon et le vin. Couvrir et laisser mijoter 45 minutes, jusqu'à ce que les cailles soient tendres.

(4 portions)

L'oie farcie aux pruneaux

1 oie
les abats
1 citron, coupé en deux
½ c. à thé (2 ml) de sel

La farce
¾ tasse (175 ml) d'oignon, finement haché
5 c. à soupe (75 ml) de graisse d'oie ou de beurre
3 tasses (750 ml) de pain rassis, coupé en dés
1 tasse (250 ml) d'amandes, tranchées et rôties
1 tasse (250 ml) de céleri, finement haché
2 tasses (500 ml) de pommes, pelées et coupées en cubes

1 tasse (250 ml) de pruneaux, dénoyautés et hachés
1 c. à soupe (15 ml) de persil, haché
1 c. à thé (5 ml) de sel
1 c. à thé (5 ml) de sauge
½ c. à thé (2 ml) de gingembre
¼ c. à thé (1 ml) de poivre, frais moulu

Le bouillon
les abats et le cou
5 tasses (1¼ l) d'eau
1 oignon
3 clous de girofle
¼ tasse (50 ml) de feuilles de céleri, hachées
1 feuille de laurier
2 c. à thé (10 ml) de sel

La sauce
4 c. à soupe (60 ml) de graisse d'oie ou de beurre
½ tasse (125 ml) de farine
bouillon d'abats
½ tasse (125 ml) de crème à fouetter
hachis d'abats
1 c. à soupe (15 ml) de gelée de cassis
2 c. à soupe (25 ml) de sherry

Enlever le surplus de graisse de l'oie et la faire fondre; conserver la graisse d'oie au réfrigérateur dans un contenant hermétiquement fermé. Saler et poivrer l'oie.

Pour préparer la farce, faire sauter l'oignon dans 1 c. à soupe (15 ml) de graisse d'oie jusqu'à ce qu'ils soient bien dorés. Retirer du feu, déposer dans un bol et laisser refroidir. Ajouter tous les autres ingrédients et le reste de la graisse d'oie; bien incorporer.

Chauffer le four à 325° F (160° C).

Farcir l'oie, ficeler et brider. Piquer la peau de la poitrine avec une fourchette pour aider au dégraissage pendant la cuisson. Déposer l'oie dans une rôtissoire munie d'une claie, couvrir et cuire au four, à 325° F (160° C), à peu près 5 heures. Découvrir pendant la dernière heure de cuisson. Dégraisser souvent en cours de cuisson.

Pour préparer le bouillon, déposer tous les ingrédients sauf le foie dans une marmite, couvrir et mijoter 1 heure. Ajouter le foie et laisser mijoter, 30 minutes. Passer le bouillon et réfrigérer. Émincer les abats et la viande du cou et réfrigérer.

Pour préparer la sauce, incorporer la farine et le beurre ou la graisse d'oie dans une marmite et cuire à feu doux en remuant sans arrêt jusqu'à ce que le mélange soit doré. Ajouter le bouillon d'abats et cuire en remuant sans arrêt jusqu'à ce que la sauce épaississe. Ajouter la crème, la viande émincée, la gelée de cassis et le sherry. Dresser l'oie sur un plat de service, servir la sauce en saucière.

(8 à 10 portions)

Le jambon à l'orange

1 jambon fumé
1 ¾ tasse (425 ml) de beurre
¾ tasse (175 ml) de cassonade
le jus et le zeste râpé de 3 oranges
6 c. à soupe (90 ml) de vinaigre de cidre
1 c. à thé (5 ml) de gingembre
sel et poivre, frais moulu
2 oranges entières
1 c. à soupe de brandy

Faire tremper le jambon dans l'eau froide, 2 ou 3 heures. Jeter l'eau, déposer le jambon dans une marmite, couvrir d'eau et porter à ébullition. Écumer en cours de cuisson. Réduire la chaleur et laisser mijoter 1 heure.

Chauffer le four à 325° F (160° C).

Égoutter le jambon, l'envelopper dans du papier aluminium et le déposer dans une rôtissoire. Cuire au four, à 325° F (160° C), 1½ heure.

Faire fondre le beurre et la cassonade à feu doux. Porter à ébullition quelques minutes. Retirer du feu, ajouter le jus et le zeste d'orange, le vinaigre et le gingembre. Laisser mijoter doucement, à découvert, 10 minutes.

Trancher les oranges entières, les épépiner. Pocher à l'eau quelques minutes pour ramollir les pelures. Égoutter et ajouter les tranches d'orange au sirop. Cuire à feu doux, 5 minutes.

Retirer le jambon du four, retirer le papier aluminium. Enlever la peau du gras au couteau. Enduire le jambon de sirop à l'orange, fixer les tranches d'orange sur le dessus du jambon, les enduire de sirop, verser le brandy. Cuire au four, cette fois à 425° F (220° C), 20 minutes.

(8 à 10 portions)

Le porc au vin rouge

1 rôti de porc moyen, dans la longe
5 gousses d'ail, écrasées
2 oignons, finement tranchés
2 feuilles de laurier
1 c. à thé (5 ml) de clou de girofle
½ c. à thé (2 ml) de gingembre
½ c. à thé (2 ml) de muscade
1 c. à soupe (15 ml) de sel
1 c. à thé (5 ml) de romarin, écrasé
vin rouge sec
2 c. à soupe (25 ml) de beurre
2 c. à soupe (25 ml) de farine
½ tasse (250 ml) de raisins secs
½ tasse (250 ml) de noix de Grenoble, hachées
sauce au poivre fort

Déposer le rôti dans un contenant non métallique profond. Ajouter l'ail, l'oignon et tous les assaisonnements; couvrir de vin rouge. Tourner le rôti 1 fois et le laisser mariner au réfrigérateur 3 ou 4 jours en le tournant 1 fois tous les jours.

Le jour de la cuisson, retirer le rôti du réfrigérateur et le laisser reposer à la température de la pièce, plusieurs heures en le retournant quelques fois.

Chauffer le four à 325° F (160° C).

Déposer le rôti sur une claie dans une rôtissoire peu profonde et le cuire au four en comptant 1 heure par livre (500 gr). Passer la marinade et l'utiliser pour arroser le rôti en cours de cuisson. Retirer du four, déposer le rôti sur un plat de service. Dégraisser le jus de cuisson et ajouter un peu de vin. Porter à ébullition, incorporer le beurre et la farine et cuire en remuant sans arrêt pour faire épaissir la sauce. Ajouter les raisins et les noix, quelques gouttes de sauce au poivre fort. Ajuster les assaisonnements et servir la sauce en saucière.

(6 à 8 portions)

Les pommes de terre râpées à la crème sure

12 tasses (3 l) d'eau
2 c. à thé (10 ml) de sel
2 lb (1 k) de pommes de terre, râpées
1 tasse (250 ml) de crème sure
½ tasse (125 ml) d'oignons verts, hachés
2 c. à thé (10 ml) de raifort préparé
2 c. à thé (10 ml) de ciboulette, hachée

Porter l'eau et le sel à ébullition, ajouter les pommes de terre. Réduire la chaleur et cuire 3 minutes. Éviter de trop cuire les pommes de terre. Les égoutter soigneusement et les laisser refroidir à la température de la pièce, 30 minutes. Mélanger la crème sure, les oignons, le raifort et la ciboulette. Déposer le tiers des pommes de terre dans le fond d'un bol, recouvrir du tiers du mélange de crème sure; répéter jusqu'à épuisement des ingrédients. Couvrir et réfrigérer au moins 4 heures. Mélanger soigneusement avant de servir. (6 portions)

Les fraises au Grand Marnier

4 tasses (1 l) de fraises, lavées et équeutées
6 c. à soupe (90 ml) de confitures de fraises des champs
4 c. à soupe (60 ml) de kirsh
4 c. à soupe (60 ml) de Grand Marnier
½ tasse (50 ml) de crème à fouetter
½ c. à thé (2 ml) de vanille
1 blanc d'oeuf
1 pincée de crème de tartre
4 c. à soupe (60 ml) de sucre

Délayer la confiture de fraises des champs avec le kirsh et le Grand Marnier. Verser sur les fraises et enrober soigneusement. Laisser reposer à la température de la pièce, 1 heure ou 2, en remuant de temps à autre.

Fouetter la crème, ajouter la vanille. Battre l'oeuf et la crème de tartre, ajouter le sucre par petites quantités en battant sans arrêt jusqu'à ce que le mélange soit ferme; ajouter la crème fouettée.

Servir les fraises dans des coupes; garnir de meringue et verser délicatement la marinade de kirsh et de Grand Marnier sur la meringue.

(6 à 8 portions)

La cuisine du

Capricorne

discrète, classique, économique

22 décembre - 20 janvier

Le Capricorne

Vous le rencontrerez probablement en public; non, il ne fuit pas le monde. Ils ne sont tout de même pas tous au cloître! À lire certains traités, on le croirait presque. Pourtant... Bon, il n'est pas sous les feux de la rampe, les «tireurs de couverte» pouvant à leur guise faire leur spectacle, le Capricorne ne les empêchera pas de tourner en rond. Il se comportera en spectateur intéressé; il est poli.

Regardez comment il marche. C'est comme s'il ne pliait pas le genou, un peu sautillant, mais avec beaucoup d'assurance. Il porte toujours des chaussures pratiques, toujours. Il a l'air sage, il l'est probablement. Les traits sont fins, découpés; beaucoup de présence dans le regard. Ce n'est pas de la sévérité. Les lèvres sont presque toujours très fines, très minces, et on l'accuse de ne pas assez sourire. Je m'en garderais, je le connais trop, et je sais bien que s'il sourit ce n'est jamais pour tenter de plaire ou de charmer.

Le Capricorne est un être déroutant, tout simplement. Celui-là ne croit pas aux artifices même quand les autres les estiment essentiels. Ses priorités sont ailleurs. C'est peut-être un peu gênant à une époque où les artifices ont droit de cité, très sûrement plus pour les autres que pour lui. On dit beaucoup de mal de lui; il serait trop solitaire, inaccessible, routinier, intéressé, rigide. On l'accuse même d'indifférence et d'avarice.

Il n'a rien d'un promoteur, surtout en ce qui le touche; il ne proteste pas, je sais. Il continue son petit bonhomme de chemin, il veut bien laisser dire et laisser faire si ça vous chante, il a autre chose à faire. Parce qu'il a un but, c'est sûr; et il est en train de grimper pas à pas vers ce but qu'il s'est fixé. Il vous le dira; il s'occupe de «ses affaires». Lucide, ambitieux, travailleur, persévérant, méthodique, le Capricorne voit toujours loin.

Il se présente tel quel, sans concession, sans fard, sans masque; c'est à prendre ou à laisser. Affable, plaisant, courtois. C'est vrai, on parle de moins en moins de courtoisie élémentaire, c'est bien dommage... Il est timide et bien discret, c'est l'évidence même.

Souvent nerveux, le Capricorne a des problèmes de digestion; ulcères, colites. Ses points faibles sont les articulations, surtout le genou, la mâchoire supérieure; il est sujet à l'arthrite, à l'arthrose et aux rhumatismes, aux allergies et aux problèmes de peau. Il fait souvent de l'insomnie et prend froid plus facilement que d'autres.

Je parierais qu'on vous a dit qu'il ne sait pas rêver. Il vous apprendrait peut-être à apprivoiser vos rêves, à les toucher jusqu'à les concrétiser. Mais il est bien discret et parle si rarement pour ne rien dire. Peut être faut-il savoir écouter...

Le Capricorne et la cuisine dans sa vie quotidienne

Vous vous en doutez, son intérieur est très présentable. Pas d'ostentation, le style est peut-être rustique et il ne manque de rien. Le Capricorne a l'esprit pratique, et si l'ordre règne chez lui c'est parce que c'est plus simple. Il a de la méthode, le sens de l'organisation, et s'il ne laisse pas la poussière ni le reste s'accumuler, c'est qu'il n'a pas de temps à perdre: il ramasse à mesure. Je n'ai surtout pas dit qu'il était maniaque...

On le dit solitaire. Il a des proches, mais pas par dizaines, il a surtout de la famille. Très attaché aux valeurs traditionnelles et à la famille, celui-là ne s'éparpille pas. N'a pas accès à son intimité qui veut; aucune agressivité, c'est comme ça. Répond-il toujours à sa porte? Il ne vous le dira pas...

Le Capricorne dort mal; un rien le trouble et l'empêche de dormir. Il se réveille pourtant en pleine forme et je sais qu'il n'aimera pas que je vous dise qu'il a tendance à claquer les portes d'armoires et à brasser les ustensiles au petit matin. Il est de bonne humeur, il a des choses à faire. Il ne court pas cependant. Il se prend d'abord quelque chose à boire; de l'eau, un jus de fruit, du thé ou du café. Il déjeunera après.

Aviez-vous remarqué comme le Capricorne mange toujours très lentement? C'est un excellent exemple à suivre, d'ailleurs; il a écouté tous les conseils de sa maman. Ce qu'il mange lentement! C'est meilleur pour la santé, je sais.

Vous savez qu'il est économe; on l'accuse même d'avarice. Les nuances, pourtant... Il a de la prévoyance et beaucoup de respect pour la nourriture sur sa table. Et s'il ne gave pas les siens, il n'accepterait pas le gaspillage. Il sert des portions raisonnables; une cuisine variée, sobre, équilibrée et classique. Et les restes ne moisissent pas dans son réfrigérateur: il fera de la soupe, un pâté, une sauce. Il ne fait pas l'économie de bout de chandelle non plus; il sait toujours où trouver la qualité à meilleur compte.

Son garde-manger est bien garni, il fait probablement ses conserves. Non, il n'a pas vraiment peur de ce que demain lui réserve, il a de la sagesse. Et il connaît toutes les préférences de ses proches. Toutes.

Pas très bavard en société, c'est dans son intimité que le Capricorne excelle. Il a besoin de paix, de calme, de solitude et ne s'ingéniera jamais à brusquer les autres. Il ne parle pas souvent fort.

Il préfère manger dans le calme et la simplicité et c'est dans sa vie quotidienne qu'il rit très facilement et sert, avec la soupe, son humour presque britannique.

Le Capricorne et la cuisine dans sa vie sociale

Si le Capricorne n'est pas mondain, il n'est pas non plus ermite. Bien sûr, il ne fait pas la fête tous les soirs, il se prépare à ses plaisirs. Vous ne le convaincrez pas de faire la fête jusqu'aux petites heures, il sait trop bien qu'il serait en mauvaise forme le lendemain et il a du travail. Il est parfaitement disposé à respecter vos horaires et vos disponibilités, n'exigez pas de lui qu'il s'épuise.

S'il apprécie la bonne cuisine, il reste assez conformiste dans ses goûts; il se rendrait probablement malade à manger une cuisine trop lourde. J'en jurerais, il s'assurera de la propreté des ustensiles. Chut! Vous mangerez tout doucement; c'est peut-être ce soir que vous lui demanderez conseil.

Il viendra chez vous s'il n'y a pas foule, il viendra même avec plaisir. Il aime bien rencontrer les gens; c'est ce qu'il fait d'ailleurs. Il rencontre les autres et laisse la relation se former tout doucement, sans s'imposer. Il lui arrive d'être gourmand chez ses amis, il le regrette toujours le lendemain. Nous dirait-il que c'est parce qu'il ne voulait pas offenser... Parce qu'il y a ça; s'il ne cherche pas à plaire et ne fait jamais de courbettes pour se mettre dans vos bonnes grâces, il veut surtout ne pas déplaire. Subtil, non?

Si la fête est trop exhubérante ou si un de vos invités se mêlait de devenir agressif ou seulement désagréable, sachez que le Capricorne est parfaitement capable de quitter les lieux et de vous dire plus tard qu'il ne se faisait plus confiance. Ce qu'il détesterait sortir de ses gonds celui-là! Surtout pour éviter de vous déplaire; n'allez pas croire qu'il soit sans défense. Vous l'aviez invité à dîner, pas à un match de boxe.

Sachez qu'il a tendance à rougir quand il prend du vin et qu'il est capable de fous rires contagieux. Il est parfois surpris de se voir l'objet de la curiosité des autres quand il n'est pas franchement amusé. Mais c'est qu'il a l'impression d'être tout simple, tout ordinaire; il veut bien tout dire de sa personne, si vous y tenez.

Il vous aidera probablement à faire le service; il a le geste sûr, beaucoup de grâce. Non, ce n'est pas du travail, il aime bien. Et il trouvera sans peine où ranger les choses...

Il écoute toujours attentivement qui dit travailler trop fort. Et il faut lui voir l'air quand on parle en sa présence de rêves de retraite dorée. Là, il ne comprend plus; c'est qu'il est en train de prendre son élan, lui! Et il compte bien devenir un vieillard indigne! Faites-lui confiance... À tant observer les autres, il pratique l'intuition depuis toujours; il saurait sûrement vous dire ce qui ronge votre ami si cabotin. Mais il est bien discret...

Quand le Capricorne reçoit

Mais oui, il reçoit, je vous ai dit qu'il n'est pas ermite. Bon, il ne reçoit pas toujours des foules, ni plusieurs fois par semaine. Il n'en a pas le temps. Mais il reçoit et fort bien merci. Intime, intimiste, il entretient ses affections et ses amitiés comme on arrose une fleur. C'est tout dire.

Il aime même les immenses réunions de famille; le clan au grand complet. Non, pas toutes les semaines, tout de même; c'est le genre d'entreprise qu'il ne fuit pas en période de réjouissances traditionnelles. On peut compter sur lui au moins une fois par année.

En temps normal, il reçoit en petits comités; des parents, des amis, un mélange des deux. C'est comme s'il avait presque besoin de se justifier d'arrêter de travailler ne serait-ce qu'une soirée; chez lui on se réunit toujours pour fêter quelque chose ou quelqu'un. Un anniversaire, la Saint-Valentin, la Sainte-Catherine; quelque chose de spécial.

Il préparera une cuisine toute simple, toute classique comme toujours; il y apportera beaucoup de soin. Il ne vous a pas invité pour tenter de vous impressionner; il est content de se permettre de vous recevoir, tout simplement. Manger chez le Capricorne c'est un peu comme quand on mange la cuisine de sa mère; vous connaissez bien ce phénomène affectif si spécial. Le confort, l'aise, la chaleur, la sécurité; cette sensation qu'il ne se passera rien de chavirant. C'est un peu ça manger chez lui.

Ne vous surprenez pas outre mesure de voir le Capricorne héberger quelqu'un de sa parenté; il est d'une loyauté indéfectible envers les siens et ils ont toujours leur place auprès de lui. Vous l'avais-je dit, on parle trop rarement de sa générosité, peut-être parce que c'est celle du coeur et de la simplicité; elle est discrète, d'ailleurs, et n'attend rien en retour. C'est très rare. Il est toujours là dans les moments les plus difficiles et les plus pénibles et s'il nous cache les siens, c'est par pudeur et surtout parce qu'il n'oserait pas s'imposer. Il faut peut-être apprendre à le rassurer, il mérite au moins ça.

On se sent bien chez lui. Aucune bousculade, le calme, l'apprivoisement, la gaieté douce et un peu folle. Oui, il a le rire chantant. Et il se sait apprécié tel qu'il est; c'est peut-être ça être aux anges! Vous avez vu comme son regard se mouille quand il est heureux!

Il s'intéressera toujours à vos projets, il sait bien que les rêves qui méritent qu'on les réalise ne voient le jour qu'à force de concentration et de patience. C'est avec le sourire qu'il vous dira de ne pas lâcher...

Le Capricorne et la cuisine de conquête

Faut-il parler de conquête ou d'autre chose? Le Capricorne n'a pas tenté de vous séduire, je sais. Il n'a rien de la mentalité du séducteur ni de celle du conquérant. Il n'attire pas l'attention sur lui pour plaire, ne tourne pas de compliments; il est là, tout simplement.

Vous ne l'aviez même pas remarqué au premier abord. Vous vous êtes rencontrés tout naturellement, puis, d'une chose à l'autre... Pourtant, il y a bien un peu quelque chose du jeu dans le phénomène de la conquête; on a au moins un peu l'impression d'être pris ou de prendre. Pas forcément un perdant ou un gagnant, mais... Pas avec le Capricorne.

Apportez-lui des fleurs, il appréciera. Je parie qu'il les touchera. Il aime bien toucher de près ce qui le fascine et l'émerveille. C'est ça, souriez; je vous dis toujours des choses rassurantes au bon moment!...

Oui, encore et toujours la cuisine toute simple. Il ne tentera pas de vous renverser ni de vous surprendre, même s'il souhaite secrètement devenir votre cuisinier attitré. Il n'aura pas fait non plus d'efforts de coquetterie visible; il n'a jamais l'air d'un arbre de Noël, sa tenue est toujours sobre. Très soignée aussi, toujours.

Il est un peu nerveux dans ce genre de situation et s'il rougit c'est que vous l'intimidez; le vin respire. Rassurez-le. Rassurez-vous surtout. Il ne tient pas le langage de la conquête, il ne joue pas à l'admiration béate ou enthousiaste. Il en est incapable; il aurait l'impression de se payer votre tête. Le naturel et la sincérité vous déroutent-ils donc à ce point?

Le repas se passe sans anicroche; rien ne se renverse, rien ne brûle. Beaucoup d'harmonie dans ses gestes. Vous avez raison, il a de la pudeur, celle de se dire. Insistez un peu, il se dira sans détour, se moquera au moins un peu de lui-même. Oui, il a une histoire. Il voudra connaître la vôtre aussi. Il se nourrit de votre sourire, de votre attention. Devine-t-il votre tendresse?

Le Capricorne a longtemps souhaité l'amour absolu, total, celui qui se suffit à lui-même. Celui-là a faim et soif d'amour, il se sait capable d'autant de rigueur et d'exigence envers lui-même qu'envers l'autre. C'est ce genre d'exclusivité qu'il aurait souhaité; plus haut, toujours plus haut. Mais ces choses-là se disent-elles et comment? Il faut peut-être apprendre à lire son regard...

Puis vous le découvrez capable de tendresse, d'emportement et de passion. Vous n'auriez pas cru qu'il aimait à ce point le plaisir. Attention, il faut apprendre à l'apprivoiser... Qui sait vers quels sommets il vous entraînerait?

Les plantes et les végétaux du Capricorne

Pavot, belladone, chanvre indien, néflier, peuplier, benjoin, chèvrefeuille, myrte, mimosa, violette, angélique, orge, thym, coing, lierre, céleri, lentilles, houblon, radis, chicorée, cèdre, pin, figuier, cactus, hêtre.

Sa plante-talisman est le cyprès; la noix de cyprès serait antirhumatismale et excellente pour la circulation.

Le Capricorne a besoin de magnésium qui retarde le vieillissement et la perte de vitalité. Sont riches en magnésium: le blé, le pain complet, l'avoine, l'orge, le maïs, le pollen, les dattes, le miel, les épinards et tous les légumes verts, les arachides, les noix, les fruits de mer et le thon.

Le Capricorne a aussi besoin de calcium qui combat la fatigue et aide à la formation des os, il protégerait aussi contre les refroidissements. Sont riches en calcium: le pollen, tous les produits laitiers, les noix, les noisettes, les amandes, le chou cru, les céréales, le foie de boeuf et la mélasse non sulfurée.

Le Capricorne devrait éviter les légumes et les fruits trop acides, et boire du jus de chou frais dont on dit qu'il préviendrait et guérirait les ulcères d'estomac.

Les recettes du

Capricorne

La soupe aux poissons
Les rissoles de Saint-Flour
Les brochettes de foies de poulet
La truite farcie aux épinards
Le poulet à la normande
Le lapin à l'estragon
Les pâtes aux légumes
Les oignons verts au beurre
La salade libanaise
La marmelade aux canneberges
La tarte aux poires
Les muffins à la coriandre et aux dattes

La soupe aux poissons

2 lb (1 k) de filets de poisson congelés
1 tasse (250 ml) de vin blanc sec
½ tasse (125 ml) de céleri, haché
½ tasse (125 ml) d'oignon, haché
½ tasse (125 ml) de carotte, hachée
5 c. à soupe (75 ml) de beurre
2 boîtes d'huîtres en conserve
1 boîte de palourdes en conserve
3 c. à soupe (50 ml) de farine
½ c. à thé (2 ml) de thym
½ c. à thé (2 ml) de romarin
1 feuille de laurier
5 grains de poivre
2 gousses d'ail
1 tasse (250 ml) de crevettes congelées
1 tasse (250 ml) de crème à fouetter
¼ c. à thé (1 ml) de sauce au poivre fort
1 c. à thé (5 ml) de sauce Worcestershire
½ c. à thé (2 ml) de sel
poivre, frais moulu
1 c. à soupe (15 ml) de persil, haché

Pocher les filets de poisson congelés dans le vin blanc, 10 minutes, retourner une fois. Déposer les filets dans un bol, ils seront encore partiellement congelés. Verser le vin dans une grande tasse à mesurer.

Faire fondre 2 c. à soupe (25 ml) de beurre et y faire revenir les oignons, le céleri et les carottes. Retirer du feu. Égoutter les huîtres et les palourdes en versant le liquide dans la tasse à mesurer et ajouter assez d'eau pour mesurer 3 tasses (750 ml) de liquide. Faire fondre le reste du beurre dans une marmite, ajouter la farine et cuire 1 minute en remuant sans arrêt. Ajouter le liquide et cuire en remuant sans arrêt jusqu'à ce que le mélange épaississe. Envelopper le thym, le romarin, le laurier, l'ail, les grains de poivre dans un coton à fromage et l'ajouter à la soupe. Ajouter les légumes. Briser les filets de poisson en bouchées et les ajouter en même temps que les huîtres, les palourdes et les crevettes congelées. Mijoter à feu très doux quelques minutes. Ajouter la crème, la sauce au poivre et la sauce Worcestershire, le sel et le poivre et réchauffer. Servir dans des bols chauds. Garnir de persil.

(8 à 10 portions)

Les rissoles de Saint-Flour

La farce
¾ tasse (175 ml) de fromage cheddar blanc
1 tasse (250 ml) de fromage cottage
2 oeufs
1 c. à soupe (15 ml) de ciboulette, hachée
1 c. à soupe (15 ml) de cerfeuil, haché
1 c. à soupe (15 ml) de persil, haché
1 c. à thé (5 ml) de basilic
½ c. à thé (2 ml) de sel
¼ c. à thé (1 ml) de poivre, frais moulu
2 c. à soupe (25 ml) de fromage parmesan, râpé

La pâte
½ tasse (125 ml) de beurre non salé, frais sans être dur
¾ tasse (175 ml) de margarine, fraîche sans être dure
3 ½ tasses (875 ml) de farine
1 pincée de sel
1 oeuf

Briser le fromage cheddar en petits morceaux. Égoutter le fromage cottage et l'ajouter. Ajouter les oeufs et bien incorporer; ajouter les herbes, le fromage parmesan, le sel et le poivre. Couvrir et réfrigérer, au moins 2 heures.

Briser la margarine et le beurre dans la farine et le sel et mélanger avec les doigts. Ajouter entre ¼ et ½ tasse (50 ml-125 ml) d'eau glacée et mélanger à la fourchette pour former une pâte qui se détache facilement des parois du bol. Diviser en huit, envelopper hermétiquement et réfrigérer, au moins 1 heure.

Chauffer le four à 375° F (190° C).

Rouler la pâte sur une surface légèrement enfarinée. Diviser la farce en huit portions égales et déposer sur la pâte. Battre légèrement l'oeuf et l'appliquer au pinceau sur les bords de la pâte; refermer et sceller. Passer à l'oeuf, déposer sur une tôle à biscuits non graissée, percer à la fourchette. Cuire au four, à 375° F (190° C), 20 minutes. Laisser tiédir avant de servir.

(8 portions)

Les brochettes de foies de poulet

½ lb (250 gr) de foies de poulet, lavés et coupés en deux
½ lb (250 gr) de saucisses à déjeuner, coupées en deux
3 tranches de bacon, coupées en six
1 grosse pomme rouge, trognon enlevé, coupée en huit
8 petits oignons
8 champignons
8 tomates à salade
2 c. à soupe (25 ml) de sauce soya
2 c. à soupe (25 ml) de sauce Worcestershire
1 c. à soupe (15 ml) de jus de citron
¼ c. à thé (1 ml) de thym, écrasé

Monter quatre brochettes en alternant les foies de poulet, les saucisses, le bacon, les morceaux de pomme, les oignons, les champignons et les tomates, jusqu'à épuisement des ingrédients.

Mélanger tous les autres ingrédients et en enduire les brochettes.

Cuire au gril, 6 à 8 minutes, en retournant souvent.

(4 portions)

La truite farcie aux épinards

6 truites
sel et poivre, frais moulu
2 boîtes d'épinards surgelés, à la température de la pièce
   et égouttés
2 c. à soupe (25 ml) de jus de citron
⅓ tasse (75 ml) de yogourt nature
3 c. à soupe (50 ml) de beurre fondu
cresson

La sauce
1 boîte de crème de céleri
⅓ tasse (75 ml) de vin blanc sec
⅓ tasse (75 ml) d'olives noires, hachées

Chauffer le four à 350° F (175° C).

Saler et poivrer les truites. Mélanger le jus de citron, les épinards et le yogourt, saler et poivrer. Farcir les truites et les déposer côte à côte dans une casserole beurrée. Enduire de beurre fondu et cuire au four, à 350° F (175° C), 25 à 30 minutes. Mélanger la crème de céleri, le vin et les olives, laisser mijoter 1 minute.

Pour servir, napper la sauce sur les truites et garnir de cresson.
(6 portions)

Le poulet à la normande

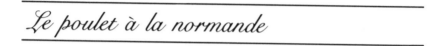

2 poitrines de poulet, peau enlevée, désossées et coupées en deux
½ c. a thé (2 ml) de sel
¼ c. à thé (1 ml) de poivre, frais moulu
farine
2 pommes à cuire, trognons enlevés, coupées en quatre
  et tranchées
2 c. à soupe (25 ml) de beurre
1 c. à soupe (15 ml) d'huile végétale
1 oignon, haché
½ tasse (125 ml) de bouillon de poulet
½ c. à thé (2 ml) de moutarde sèche
¼ c. à thé (1 ml) de sauge
½ tasse (125 ml) de crème légère
2 c. à soupe (25 ml) de brandy

Placer les poitrines de poulet entre deux morceaux de papier ciré et aplatir en tranches très minces. Saler et poivrer et enfariner légèrement. Faire fondre le beurre et faire sauter les pommes jusqu'à ce qu'elles soient tendres, les déposer sur un plat de service chaud; couvrir. Ajouter l'huile au beurre et faire dorer le poulet, à peu près 5 minutes. Déposer le poulet sur le plat de service; couvrir. Faire sauter les oignons jusqu'à ce qu'ils soient tendres; éliminer le surplus de gras. Ajouter le bouillon de poulet et porter à ébullition; réduire de moitié. Ajouter la moutarde sèche et la sauge. Ajouter la crème et le brandy et cuire à feu doux 1 minute ou 2. Napper la sauce sur le poulet et les pommes.
(4 portions)

Le lapin à l'estragon

1 lapin
farine
sel et poivre, frais moulu
3 c. à soupe (50 ml) de beurre
3 c. à soupe (50 ml) d'huile d'olive
1 ½ tasse (375 ml) de vin blanc sec
2 c. à soupe (25 ml) d'estragon
2 c. à soupe (25 ml) de farine
½ tasse (125 ml) de crème à fouetter

Chauffer le four à 350° F (175° C).

Faire tremper l'estragon dans le vin blanc, 1 heure.

Couper le lapin en morceaux, enfariner légèrement, saler et poivrer.

Faire fondre le beurre et l'huile dans une marmite; y faire dorer le lapin. Ajouter le vin blanc et l'estragon, couvrir et cuire au four, à 350° F (175° C), 1 ½ heure. Retirer la viande et la déposer sur un plat de service chaud. Incorporer la farine au liquide de cuisson et cuire quelques minutes en remuant sans arrêt; ajouter la crème et réchauffer. Napper la sauce sur les morceaux de lapin.

(4 portions)

Les pâtes aux légumes

1 lb (500 gr) de têtes de brocoli
2 petits zucchini
1 lb (500 gr) de haricots verts, coupés en diagonale
1 lb (500 gr) de spaghetti
6 c. à soupe (90 ml) d'huile d'olive
3 gousses d'ail, hachées
4 tomates, pelées, vidées et coupées en morceaux
1 c. à soupe (15 ml) de basilic, écrasé
1 ½ c. à thé (7 ml) de sel
¼ c. à thé (1 ml) de poivre, frais moulu
1 tasse (250 ml) de champignons, finement tranchés
1 tasse (250 ml) de petits pois frais
¼ tasse (50 ml) de persil, haché

¼ c. à thé (1 ml) de poivre chili, écrasé
¼ tasse (50 ml) de beurre
¾ tasse (175 ml) de crème à fouetter
⅔ tasse (165 ml) de fromage parmesan, râpé

Cuire les brocoli, les zucchini et les haricots à l'eau salée, 5 minutes. Ils seront tendres sans être mous. Égoutter les légumes. Cuire les spaghetti et les égoutter. Faire chauffer 3 c. à soupe d'huile d'olive dans une marmite, ajouter l'ail, les tomates et cuire à feu doux, 5 minutes. Ajouter le basilic, ½ c. à thé (2 ml) de sel, poivrer. Couvrir et retirer du feu. Faire chauffer le reste de l'huile dans une grande marmite. Ajouter les champignons, les cuire à feu moyen, 3 minutes. Ajouter les pois, le persil, le reste du sel et le poivre chili, cuire 1 minute. Ajouter au brocoli, aux haricots et aux zucchini et mélanger soigneusement. Faire fondre le beurre dans la grande marmite, ajouter la crème et le fromage; cuire à feu moyen en remuant sans arrêt jusqu'à consistance lisse. Ajouter les spaghetti et mélanger soigneusement. Ajouter les légumes et bien mélanger. Verser les tomates sur les pâtes au moment du service.

(6 portions)

Les oignons verts au beurre

4 bottes d'oignons verts
sel
eau
3 c. à soupe (50 ml) de beurre
2 c. à soupe (25 ml) de jus de citron
1 oeuf, cuit dur, haché
poivre, frais moulu

Laver et nettoyer les oignons; les couper à peu près à 8'' (20 cm). Utiliser les tiges pour les bouillons ou les garnitures. Cuire à la vapeur, 3 minutes; égoutter et déposer sur un plat de service chaud. Faire fondre le beurre, ajouter le jus de citron et l'oeuf et réchauffer. Verser sur les oignons. Saler et poivrer au goût.

(4 portions)

La salade libanaise

1 laitue
3 tomates, coupées en huit
1 concombre, pelé et tranché
1 oignon, finement tranché
2 c. à thé (10 ml) de menthe, écrasée

Vinaigrette au citron
2 gousses d'ail, écrasées et émincées
1 c. à thé (5 ml) de sel
1 c. à soupe (15 ml) d'huile d'olive
⅓ tasse (75 ml) de jus de citron
½ c. à thé (2 ml) de poivre, frais moulu

Effeuiller, laver, égoutter et sécher la laitue; la déchirer. Ajouter les tomates, les concombres et l'oignon et saupoudrer de menthe. Couvrir et réfrigérer 1 heure.

Mélanger les ingrédients de la vinaigrette et verser sur la salade au moment de servir. Mélanger soigneusement.

(6 à 8 portions)

La marmelade aux canneberges

1 lb (500 gr) de canneberges fraîches ou congelées
1 grosse orange, coupée en quartiers et épépinée
1 citron, coupé en quartiers et épépiné
1 ½ tasse (375 ml) de sucre
1 c. à thé (5 ml) de cannelle
½ c. à thé (2 ml) de clou de girofle
¼ c. à thé (1 ml) de gingembre

Laver les canneberges si elles sont fraîches. Passer les canneberges, l'orange et le citron au hachoir. Ajouter le sucre, la cannelle, le clou de girofle et le gingembre, bien mélanger. Verser dans un contenant non métallique, couvrir et réfrigérer 12 heures.

Porter à ébullition, cuire 30 minutes, à feu moyen en remuant souvent. Écumer. Verser dans des pots stérilisés et sceller. Conserver dans un endroit sec et frais. (4 petits pots)

La tarte aux poires

La pâte au fromage
1 tasse (250 ml) de farine
¼ c. à thé (1 ml) de sel
⅓ tasse (75 ml) de graisse végétale
½ tasse (125 ml) de fromage cheddar blanc
3 à 4 c. à soupe (50 à 60 ml) d'eau glacée

La garniture
½ tasse (125 ml) de sucre
⅓ tasse (75 ml) de farine
1 c. à thé (5 ml) de cannelle
6 tasses (1 ½ l) de poires, pelées et tranchées
1 c. à soupe (15 ml) de jus de citron
¾ tasse (175 ml) de cassonade, bien tassée
½ tasse (125 ml) de farine
⅓ tasse (75 ml) de beurre

Chauffer le four à 375° F (190° C).

Mélanger la farine et le sel; couper la graisse végétale dans la farine jusqu'à ce que la graisse soit assez brisée pour que le mélange ressemble à une farine grossière. Incorporer le fromage. Ajouter l'eau par petites quantités et mélanger à la fourchette; éviter d'ajouter trop d'eau. Le mélange doit être assez humide pour mettre la pâte en boule, tout simplement. Évitez de trop travailler la pâte. Former en boule et laisser reposer, 15 minutes, avant d'abaisser. Abaisser la pâte et la déposer dans une assiette à tarte.

Pour préparer la garniture, mélanger d'abord le sucre, la farine et la cannelle dans un petit bol. Verser le jus de citron sur les poires et mélanger. Saupoudrer les ingrédients secs sur les poires et bien mélanger; déposer sur la pâte.

Mélanger la cassonade et la farine; couper le beurre dans la cassonade et la farine et saupoudrer sur les poires. Cuire au four 30 minutes et laisser tiédir sur une grille à gâteau.

(8 portions)

Les muffins à la coriandre et aux dattes

1 ¾ tasse (425 ml) de farine
3 c. à soupe (50 ml) de sucre
2 ½ c. à thé (12 ml) de poudre à pâte
¾ c. à thé (3 ml) de sel
1 ½ c. à thé (7 ml) de coriandre
1 oeuf
¾ tasse (175 ml) de lait
⅓ tasse (75 ml) de beurre, fondu
¾ tasse (175 ml) de dattes, hachées
2 c. à thé (10 ml) de zeste de citron, râpé

Chauffer le four à 400° F (205° C).

Graisser les moules à muffins. Mélanger la farine, le sucre, la poudre à pâte, le sel et la coriandre. Battre l'oeuf, le lait et le beurre fondu; les ajouter et mélanger. Ajouter les dattes et le zeste de citron; incorporer. Verser dans des moules à muffins et cuire au four, à 400° F (205° C), à peu près 25 minutes. Servir chauds.

(12 muffins)

La cuisine du
Verseau
intuitive, originale, avant-gardiste

21 janvier - 19 février

Le Verseau

Il penche la tête pour mieux vous écouter, c'est très agréable. Il a le regard lumineux, attentif et souriant et parfois rêveur ou lointain. Oui, il sait donner l'impression que c'est au mérite qu'il vous accorde son attention et on se sent parfois regardé à la loupe avec lui; ce n'est pourtant pas agressif.

Le personnage est en général mince et élégant, les traits sont fins et bien dessinés, le front parfois volumineux. La démarche est facile, harmonieuse et il porte presque toujours ses cheveux comme une auréole. Les mains sont souvent très belles, très fines. Non, il n'est pas pataud.

Saviez-vous que, vous écoutant avec tant d'attention, il entend aussi tout ce qui se passe autour de lui? Il pourrait probablement vous citer au moins trois des conversations qui se tiennent à quelques pas. On l'accuse parfois de manquer de mémoire; c'est faire preuve de bien peu de subtilité et accorder bien peu d'importance aux nuances. Le Verseau a la mémoire sélective, tout simplement. S'il est parfois distrait c'est qu'il a ses raisons et s'il vous dit qu'il a oublié, il n'est pas en train de vous faire un compliment. Il choisit de se souvenir de ce qui l'intéresse.

Le Verseau ne ment pas. Vous le savez bien, il vit selon un code d'éthique qui est le sien et ne tolère jamais chez les autres le mensonge, l'hypocrisie, la malhonnêteté ou le calcul. Et s'il ne dit pas toujours la vérité dans ce qu'elle aurait de cru, c'est qu'il évite à tout prix de blesser les autres. Il fuit la violence, les confrontations, les éclats de voix; ce n'est pas qu'il en serait incapable, il les juge inutiles.

Il adopte parfois des comportements excentriques pour le plaisir de choquer les rigides et les stationnaires. C'est bien dommage qu'il soit souvent timide, nous avons tant besoin de fantaisie et de folie douce. On le dit d'humeur changeante, froid, distant, indépendant, difficile à percer, à toucher. J'en jurerais, il a des antennes: tout avec lui se passe dans les premières secondes. Et si le contact ne se fait pas, on perd son temps. À peu près toujours en avance sur les autres, on le dit novateur dans bien des domaines, il a peut-être trouvé et apprivoisé un mode de communication qui nous est encore étranger.

Le Verseau est sujet aux maladies infectieuses et très sensible aux médications. Ses points sensibles sont les articulations et surtout les chevilles: foulures, entorses, arthrite, rhumatismes. La colonne vertébrale est fragile. Il a souvent des problèmes de circulation et d'anémie, la gorge et sa jolie voix sont bien fragiles, et il s'alimente si mal qu'il connaît tout sur l'hyperacidité.

Mais c'est peut-être à vous qu'il s'intéresse, faites un peu la pause, on verra toujours...

Le Verseau et la cuisine dans sa vie quotidienne

Bien sûr, il est en avance sur son temps, novateur, original. On s'empresse donc de croire que rien n'est trop nouveau pour lui, c'est à peine si son intérieur ne ressemblerait pas à une station spaciale. Vraiment! Il s'assoirait où dans une station spatiale, il ferait la pause où? Voyons donc! Il y aura beaucoup de fauteuils chez lui, il a besoin de pouvoir s'asseoir quelque part où reposer son dos. Il s'assoit d'ailleurs mal, sur le coccyx, le dos en diagonale; c'est la base du cou qui repose sur le dossier du fauteuil. Oui, il a souvent mal au dos...

Le Verseau dort mal, un peu comme s'il n'était jamais au repos. Il a le réveil serein, mais lent; il se souvient de tous ses rêves et met un certain temps à revenir à la réalité. Mange-t-il, ne mange-t-il pas? Il met le temps qu'il faut à se réveiller, c'est sûr. Il faut vous dire tout de suite qu'il est, en règle générale, le parfait anarchiste de l'alimentation. Je n'ai pas dit de la cuisine, nuance!

Il intuitionne ses besoins alimentaires plus qu'il ne se nourrit. D'une curiosité sans borne, il a probablement essayé au moins un temps tous les modes d'alimentation, des plus sages aux plus fous. Et je ne serais pas autrement surprise qu'il en ait inventé quelques-uns. S'ils n'ont pas survécu au test du temps et de la sagesse, c'est autre chose.

Ceci dit, il finit par se nourrir. Il est même «popoteux» à ses heures. La nuance, toujours; à ses heures! Il découvre, fricote, invente adapte et réussit. Il réussit ce que j'appelle en cuisine les préparations intuitives; il ne comprend pas comment on manque des gelées, des confitures ou des gâteaux. C'est qu'à le voir travailler on jurerait parfois qu'il tente de comprendre ce petit mystère qui lui échappe...

Je sais, l'organisation de sa cuisine est bien spéciale. Il ne demande pas aux autres de s'y retrouver, et son intérieur, s'il est toujours original, n'est jamais qu'un de ses univers. Il ne règne pas chez lui comme un roi en son royaume; tout ce qui est domination, pouvoir, imposition le laisse très froid.

Il a la réputation de n'être pas très présent aux siens, de s'intéresser aux étrangers plus qu'à sa famille. Peut-être est-il des qualités de présence qui échappent à ceux qui tiennent à croire qu'il faille dans la vie se contenter de ne respirer que de l'air! Qui partage son quotidien sait depuis toujours que celui-là ne possède pas, ne s'impose pas et qu'il a, mieux que d'autres, le don de nous révéler à nous-mêmes dans ce que nous avons de plus beau.

Le Verseau et la cuisine dans sa vie sociale

Saviez-vous que, dans les grands livres, on dit de lui qu'il crée des amitiés qu'il oublie d'entretenir? Bien sûr, il y a ou non un phénomène de communication instantané. Peut-être faudrait-il parler aussi du temps que met l'amitié à se développer. Il est très fidèle en amitié; je me sens bien placée pour le dire. Oui, c'est une amitié qu'il faut mériter; c'est très vrai.

Il a le don de se manifester au moment propice. Remarquable, ils sont tous comme ça. Vous ne saviez plus vous arrêter, il paraît. Et il a le sens des invitations géniales. Tenez, l'autre soir, une amie Verseau qui voulait m'inviter à manger a commencé par me demander si je savais quelle était la couleur des yeux d'un chameau qui mord. Juré! J'ai ri aux éclats, je croyais qu'elle faisait allusion à quelqu'un de ma connaissance, et je suis arrivée au restaurant reposée, refaite, vraiment prête à faire la pause.

Mais oui, il viendra chez vous! Si vous aviez vraiment convenu d'une heure, il sera ponctuel. Sinon, il finira bien par arriver. Il adore rencontrer les gens; l'humain le fascine. J'espère que vous ne vous entourez pas de mornes personnages, les conversations insignifiantes l'ennuient à mourir. Il serait parfaitement capable d'ignorer qui ne l'intéresse pas, de tourner son fauteuil dans votre direction, et de ne regarder que vous toute la soirée. Ça s'est déjà vu; cette question de fluide, n'est-ce pas...

S'il se sent bien, il parle en général beaucoup. Quand il est en bonne compagnie, les voix de ceux qui l'entourent l'enchantent plus que votre système de son. Non, il n'aime pas beaucoup la musique en mangeant. Un de vos invités est-il mal en point, je parie qu'il recherchera la compagnie du Verseau; il y a quelque chose d'apaisant chez lui. C'est peut-être qu'il sait d'instinct toutes les angoisses et qu'il n'a pas peur.

Il ne mange pas beaucoup, il vous le dira. Il faut le croire sur parole. On raconte parfois que c'est plus prudent de lui demander ce qu'il accepte de manger avant de l'inviter, comme s'il allait refuser de manger ce que vous lui servez. Que je vous dise qu'il souffre parfois d'allergies alimentaires et c'est très sérieux. S'il vous avoue être allergique à l'ail, n'en cachez pas dans ce que vous lui servez sous prétexte qu'il se fait des idées; ce serait de la cruauté pure et simple. Tenez-vous vraiment à passer le reste de la soirée à la salle d'urgence?

Et s'il vous confiait qu'il rêve depuis toujours de fonder un «Club de l'âge d'or de l'an 2020», encouragez-le. Qui d'autre songerait à refaire le monde en riant et en se payant sa propre tête en même temps que celle d'une société pas toujours juste...

Quand le Verseau reçoit

Le Verseau est fasciné par la nature humaine et s'il se reconnaît beaucoup d'amis, il a finalement bien peu d'intimes. Il ne vous dira jamais de quelqu'un qu'il est son ennemi; il reconnaîtra à l'autre ses torts et ses faiblesses et tiendra quand même à son amitié. Pour lui, tous les êtres humains sont intéressants au premier abord; tous. humains sont intéressants au premier abord; tous.

Vous irez peut-être croire que sa maison est un moulin! Non, ni moulin, ni station spatiale. Le Verseau n'a pas d'objections à prendre des bains de foule. Je parierais que tous ses fournisseurs le connaissent, et que, s'il oublie quelques petits détails quand il fait les courses, c'est souvent pour le plaisir de retourner, oublier encore, et piquer une petite jase. Ces gens distraits, vous savez...

On vient finalement beaucoup chez lui. Évidemment à force d'inviter les gens à passer ou à venir le voir, certains prennent le pli. On a parfois l'impression que ses amitiés sont comme des séries de petits coups de foudre. Il s'enthousiasme pour quelqu'un, puis découvre ce qu'il avait à découvrir et s'éloigne. C'est peut-être pour ça qu'il donne parfois l'impression de ne pas être fidèle en amitié; à se sentir si bien, si apaisé en sa compagnie, on en vient peut-être à croire trop tôt à une intimité qui n'existe pas encore.

Il a parfois besoin de solitude et, lui qui parle si facilement, privilégie en amitié ceux qui savent écouter les silences. Il vous l'avait dit! C'est sûr, vous êtes de ses intimes. Vous venez souvent chez lui et vous vous faites des fêtes toutes simples même quand vous êtes plusieurs. Vous savez bien que si vous êtes arrivé à l'improviste, vous ne l'aurez pas surpris; il s'attendait à vous voir. Les antennes du Verseau! Mais oui, vous prendrez une bouchée, vous le savez bien. Non, il ne reçoit pas forcément ses intimes en se préparant des semaines à l'avance. Les autres? Je lui fais confiance, je le soupçonne de faire en sorte de ne pas les garder à manger...

Il se rebute à organiser ses plaisirs; pour lui, une fête ça se crée. Comme tout le reste d'ailleurs. Il ne déteste pas les surprises quand c'est lui qui les fait. S'il vous arrivait de rencontrer chez lui des personnages au comportement un peu étrange, ne vous surprenez pas trop. Don d'apaisement, sérénité ou magie, le Verseau attire souvent les déséquilibrés. J'ai même vu chez lui, un jour, quelqu'un qui se promenait avec une attestation de démence dans sa serviette se comporter de façon parfaitement normale. Il est vrai que les attestations...

Quand on quitte un Verseau, on se sent toujours un peu plus sage et un peu plus fou. J'aime bien.

Le Verseau et la cuisine de conquête

Quelqu'un qui part à la découverte de la nature humaine, comme d'autres partent explorer des continents, n'est sûrement pas étranger à la conquête. Que non! On dit même de lui parfois qu'il aurait tendance à vivre ses aventures en voyage; même que l'aventure et la «chose» ne seraient pas étrangères au goût marqué qu'il a pour le voyage. Les mauvaises langues!

Heureusement pour vous, il n'est pas toujours parti. Le personnage ne manque évidemment pas de charme, il en aurait même à revendre. Quelque chose en vous l'enthousiasme, l'enflamme et le passionne; vous ne saurez probablement pas quoi. Il se manifestera rapidement et sans équivoque; la franchise, n'est-ce pas. Certains disent même qu'il aurait intérêt à y mettre plus de tact, de nuances et de savoir-faire. Mais allez donc plaire à tout le monde! Vous ne vous plaignez pas, vous?

Vous êtes là, il est content; tout simplement content. Il éteindra la musique, il veut vous entendre. Vous tenez à l'entendre aussi, il sait se faire la voix si ronde. L'apéritif sera très long; la jase, l'apprivoisement. Il aime bien servir des petites portions variées, peut-être parce qu'il n'a pas beaucoup d'appétit et qu'ainsi il a l'impression de manger davantage. Et même si on le dit explorateur de régimes avant-gardistes, il ne risque pas de vous servir trois bouts de céleri.

Il aime bien les repas qui se passent bien; le rituel. Je sais, vous avez l'impression qu'il vous examine à la loupe; c'est même un peu dérangeant. S'il continue, c'est que quelque chose l'attendrit. Vous parlerez beaucoup, cette impression d'intimité déjà. Ne le laissez pas monologuer, il risquerait de s'ennuyer. Oui, il tient à vous apprendre; il vous devine déjà si bien.

Il ne vous noiera pas de compliments mais saura si bien vous dire en nuances combien il vous apprécie. Que je vous dise cependant que celui-là est farouchement épris de liberté et parfaitement disposé à respecter la vôtre. Il ne rêve pas de vous mettre en cage; vous non plus j'espère!

Si vous prenez le café au salon ce ne sera pas nécessairement pour reposer son dos... La science, le savoir-faire du Verseau! On dit qu'il aurait de sérieux talents de professeur, beaucoup de patience et de doigté pour les répétitions et, qu'avec lui, les apprentissages ne seraient jamais pénibles mais toujours récompensés. On dit beaucoup de choses!

Avec lui, il faut sans doute savoir créer la magie de son premier grand amour ou le laisser tout doucement s'envoler... Mais non, ne soyez pas triste; il vous apprendra peut-être à vous envoler aussi...

Les plantes et les végétaux du Verseau

Prunier, mimosa, thym, romarin, abricot, avocat, orange, pamplemousse, orge, soya, cresson, riz, blé, camomille, tilleul, artichaut, asperge, mauve, benoîte, hamamélis, laurier, marron d'Inde, sauge, capucine, angélique.

Sa plante-talisman est la marjolaine qui aiderait à combattre l'insomnie, la nervosité, l'anxiété et l'épuisement.

Le Verseau a besoin de sodium qu'il trouvera dans presque tous les aliments.

Le Verseau a aussi besoin de phosphore qui aide au bon fonctionnement des cellules nerveuses. Sont riches en phosphore : le blé, l'ail, le céleri, les raisins secs, les oignons, les lentilles et les poissons, et surtout, les produits laitiers, les tomates, les abricots, les pommes et les céréales.

Le Verseau a enfin besoin de fer pour résister au stress et à la fatigue. Sont riches en fer : le chou, l'ail, l'oignon, les carottes, les céréales, les épinards, le pissenlit, les oeufs, le poisson, la volaille, le germe de blé et le foie de boeuf.

Le Verseau a souvent la sagesse de préférer le poisson à la viande.

Si ses jambes ont tendance à enfler, on lui conseille des compresses d'infusion de sauge.

Il vous le dirait, c'est pour se remettre en forme qu'il fait parfois des cures de solitude.

Les recettes du
Verseau

La soupe aux lentilles
Le baba ghanoush
La séviche aux crevettes
La tempura
Le steak au gingembre
Le poulet au romarin
Les pâtes aux noisettes
La romaine à la chinoise
Les tomates à l'italienne
La salade au cresson
Les fruits dans le vinaigre
Les ramequins au chocolat et aux mandarines

La soupe aux lentilles

1 oignon, haché grossièrement
1 branche de céleri, hachée grossièrement
1 carotte, hachée grossièrement
2 gousses d'ail, écrasées et hachées
2 c. à soupe (25 ml) d'huile végétale
1 os de jambon
5 tasses (1¼ l) d'eau
1 grosse boîte de tomates en conserve, coupées en morceaux
1½ tasse (375 ml) de lentilles, nettoyées et lavées
1 c. à thé (5 ml) de sarriette
½ c. à thé (2 ml) de clou de girofle
sel et poivre, frais moulu

Faire chauffer l'huile dans une marmite, faire sauter l'oignon, le céleri, la carotte et l'ail. Ajouter l'os, l'eau, les tomates, les lentilles, le clou de girofle et la sarriette et porter à ébullition. Couvrir et réduire la chaleur; faire mijoter 2 heures. Retirer l'os, couper la viande et l'ajouter à la soupe. Saler et poivrer. Ajuster les assaisonnements. Servir dans des bols chauds.

(6 à 8 portions)

Le baba ghanoush

1 grosse aubergine
¼ tasse (50 ml) de jus de citron
¼ tasse (50 ml) d'huile d'olive
1 oignon, haché grossièrement
3 gousses d'ail, coupées en deux
3 c. à soupe (50 ml) de graines de sésame
2 c. à thé (10 ml) de sel
½ c. à thé (2 ml) de poivre, frais moulu

Chauffer le four à 450° F (235° C).
Laver et assécher l'aubergine, la piquer à la fourchette, l'envelopper dans du papier aluminium et la cuire au four, 45 minutes. Laisser tiédir avant de la peler et de la couper en morceaux.

Passer le jus de citron, l'huile d'olive, l'oignon, l'ail, les graines de sésame, le sel et le poivre au mélangeur. Ajouter l'aubergine et mélanger jusqu'à consistance lisse; si le mélange est vraiment trop épais, ajouter un peu de jus de citron. Réfrigérer au moins 2 jours.

Retirer du réfrigérateur 30 minutes avant de servir. Servir sur du pain pita ou sur des craquelins au sésame.

(6 à 8 portions)

La séviche aux crevettes

2 lb (1 k) de petites crevettes, lavées, épluchées, veine enlevée
1 tasse (250 ml) de jus de citron
2 tomates, pelées, vidées et hachées grossièrement
1 ou 2 petits poivrons forts en conserve, rincés, vidés et hachés grossièrement
2 c. à soupe (25 ml) de poivron rouge, haché
2 c. à soupe (25 ml) de poivron vert, haché
1 oignon, haché
2 c. à soupe (25 ml) de coriandre fraîche, hachée
6 c. à soupe (90 ml) d'huile d'olive
sel et poivre, frais moulu
feuilles de laitue

Déposer les crevettes dans un bol avec le jus de citron et réfrigérer plusieurs heures, jusqu'à ce qu'elles deviennent opaques. Remuer de temps à autre.

Égoutter les crevettes et réserver 3 c. à soupe (50 ml) de jus de citron. Déposer les crevettes dans un bol et ajouter les tomates, les poivrons, l'oignon et la coriandre. Bien mélanger. Battre au fouet l'huile et le jus de citron. Servir sur des feuilles de laitue, arrosées d'huile et de jus de citron. Saler et poivrer.

(6 à 8 portions)

La tempura

Il faut compter à peu près 1 livre (500 gr) au total, par personne.

poisson, au choix, coupé en bouchées
huîtres
pétoncles
palourdes
crevettes, épluchées, veine enlevée
asperges, coupées en diagonales
carottes, coupées en tranches diagonales
céleri, coupé en tranches diagonales
haricots verts, coupés en diagonales
brocoli, chou-fleur
aubergine, tranchée
patates sucrées, tranchées
champignons entiers
oignons, tranchés
feuilles d'épinard, feuilles de cresson
pois mangetout, frais
Note: blanchir le brocoli et le chou-fleur, 2 minutes; égoutter et assé-
     cher. Ils seront plus tendres.

La pâte
2 oeufs
1 tasse (250 ml), moins 1 c. à soupe (15 ml) d'eau froide
¾ tasse (175 ml) de farine
½ c. à thé (2 ml) de sel

La sauce
3 tasses (750 ml) de sauce Dashi préparée ou de fumet de poisson
1 tasse (250 ml) de sauce soya
1 tasse (250 ml) de saké
Note: on trouve la sauce Dashi dans les boutiques spécialisées.

Pour préparer la pâte, battre les oeufs dans l'eau; ajouter la farine
et le sel. Incorporer. Éviter de trop travailler la pâte. Déposer le bol
de pâte dans un bol de glace; la pâte doit rester bien froide.

Pour préparer la sauce, porter à ébullition la sauce Dashi, la sauce
soya et le saké. Retirer du feu. Servir dans des petits bols individuels.

Servir du riz à l'étuvée en bols individuels et du gingembre frais,
pelé et finement haché, lui aussi en bols individuels.

Chauffer l'huile à friture.

Saucer les poissons, fruits de mer et les légumes dans la pâte et cuire, par petites quantités, jusqu'à ce qu'ils soient bien dorés. Égoutter sur du papier absorbant et porter au réchaud. Vos invités vous adoreront si vous disposez d'un réchaud que vous porterez à table.

(Les portions : au choix)

Le steak au gingembre

1 grosse tranche de ronde, très épaisse
¾ tasse (175 ml) d'huile végétale
4 c. à soupe (60 ml) de sauce soya
1 botte d'oignons verts, hachés
2 c. à soupe (25 ml) de gingembre frais, pelé et haché
2 gousses d'ail, écrasées et hachées
sel et poivre

Mélanger l'huile, la sauce soya, les oignons, le gingembre et l'ail et porter à ébullition. Retirer du feu et laisser refroidir.

Piquer le steak à la fourchette et le déposer dans un plat peu profond; verser la marinade sur le steak et réfrigérer 24 heures. Tourner le steak de temps à autre. Cuire au gril, au degré de cuisson désiré; découper et servir.

(6 portions)

Le poulet au romarin

La farce
3 c. à soupe (50 ml) d'huile végétale
1 tasse (250 ml) de champignons, grossièrement hachés
½ tasse (125 ml) d'échalotes, hachées
2 gousses d'ail, hachées
1 tasse (250 ml) de jambon, haché
1 tasse (250 ml) de pain rassis, coupé en cubes
1 c. à thé (5 ml) de thym
1 c. à thé (5 ml) de basilic
½ c. à thé (2 ml) de sauge
½ c. à thé (2 ml) de sauce Worcestershire

2 c. à soupe (25 ml) de cognac
1 oeuf, battu
1 poulet
4 c. à soupe (60 ml) de beurre, à la température de la pièce
sel de céleri
poivre, frais moulu
2 c. à thé (10 ml) de romarin, écrasé
¼ tasse (50 ml) de sherry

Chauffer l'huile et faire sauter les champignons, les échalotes et l'ail. Retirer du feu et laisser refroidir. Mélanger le jambon, le pain rassis, le thym, le basilic, la sauge et la sauce Worcestershire; ajouter les légumes refroidis; bien mélanger. Incorporer l'oeuf battu et le cognac.

Laver et assécher le poulet; le farcir, le barder et le ficeler. Chauffer le four à 425° F (220° C).

Déposer le poulet dans une casserole de grandeur moyenne; beurrer la poitrine et les cuisses. Saupoudrer généreusement de sel de céleri, de poivre et de romarin. Rôtir au four, 20 minutes à 425° F (220° C), puis réduire à chaleur à 400° F (205° C). Verser le sherry sur le poulet et cuire 1 ½ heure, en arrosant souvent. Laisser refroidir le poulet quelques minutes avant de servir. (4 portions)

Les pâtes aux noisettes

1 tasse (250 ml) de noisettes
1 lb (500 gr) de tagliatelli (pâtes aux oeufs)
6 c. à soupe (90 ml) de beurre, coupé en cubes
poivre, frais moulu
1 tasse (250 ml) de fromage parmesan, frais râpé
1 tasse (250 ml) de crème à fouetter, fouettée
2 c. à soupe (25 ml) de persil, haché

Chauffer le four à 325° F (160° C).

Hacher grossièrement les noisettes et les faire rôtir au four sur une tôle à biscuits beurrée, 20 minutes. Remuer de temps à autre.

Faire cuire les tagliatelli et les égoutter. Déposer la marmite sur le feu éteint. Ajouter le beurre, les tagliatelli, le poivre, le fromage, la moitié des noisettes et la crème fouettée. Mélanger soigneusement et servir sur des assiettes chaudes. Saupoudrer de persil et du reste de noisettes. (4 portions)

La romaine à la chinoise

1 c. à soupe (15 ml) d'huile végétale
¾ tasse (175 ml) d'oignons verts, tranchés
1 laitue romaine, effeuillée, lavée, asséchée et déchirée
3 c. à soupe (50 ml) de sauce soya
2 c. à soupe (25 ml) de graines de sésame, rôties

Faire chauffer l'huile dans un wok ou dans un poêlon profond. Ajouter les oignons et les faire sauter 30 secondes. Ajouter la romaine et la faire sauter 1 minute ou 2. Ajouter la sauce soya; incorporer. Servir très chaud, saupoudrée de graines de sésame rôties.

(4 portions)

Les tomates à l'italienne

4 grosses tomates
1 c. à thé (5 ml) de sel
¼ tasse (50 ml) d'huile d'olive
½ tasse (125 ml) d'oignons verts, tranchés
2 gousses d'ail, hachées
1½ tasse (375 ml) de pain rassis, en cubes
½ tasse (125 ml) de fromage parmesan, râpé
2 c. à thé (10 ml) d'herbes de Provence
1 c. à thé (5 ml) de zeste de citron, râpé

Chauffer le four à 350 ° F (175° C).
Couper les tomates en deux et les déposer, côté coupé sur le dessus, dans une casserole tout juste assez grande pour les contenir. Saler légèrement. Faire chauffer l'huile d'olive et faire sauter les oignons et l'ail. Retirer du feu et ajouter tous les autres ingrédients. Mélanger soigneusement. Déposer 2 c. à soupe (25 ml) du mélange sur chaque moitié de tomate. Cuire au four, à découvert, 25 minutes, à 350° F (175° C).

(8 portions)

La salade au cresson

4 tasses (1 l) de feuilles de cresson, lavées et asséchées
2 concombres, pelés et finement tranchés
1 tasse (250 ml) de fromage feta, en cubes
2 tomates, finement tranchées

Vinaigrette
¼ tasse (50 ml) d'huile d'olive
2 c. à soupe (25 ml) de vinaigre d'estragon
½ c. à thé (2 ml) de sel
½ c. à thé (2 ml) d'aneth
¼ c. à thé (1 ml) de poivre, frais moulu
¼ c. à thé (1 ml) de moutarde sèche.

Déposer le cresson, les concombres, le fromage et les tomates dans un bol. Mélanger tous les ingrédients de la vinaigrette dans un bol fermant hermétiquement. Verser la vinaigrette sur la salade, mélanger délicatement et servir immédiatement.

(4 portions)

Les fruits dans le vinaigre

Une excuse pour vous donner en même temps une recette de vinaigre épicé.

Le vinaigre épicé
12 grains de coriandre
6 clous de girofle
6 grains de toute-épice
2 bâtons de cannelle
1 poivron chili, séché, écrasé
1 morceau de gingembre frais, de la grosseur du pouce
4 tasses (1 l) de vinaigre de cidre

Déposer les épices et les assaisonnements dans un pot stérilisé. Faire chauffer le vinaigre, sans le faire bouillir, et le verser dans le pot. Sceller et entreposer dans un endroit sec et frais, au moins 4 mois, avant d'utiliser.

Les fruits
2 tasses (500 ml) de sucre
1 tasse (250 ml) d'eau
½ tasse (125 ml) de vinaigre épicé
2 c. à soupe (25 ml) de gingembre frais, haché
2 bâtons de cannelle, brisés en morceaux
2 lb (1 k) de prunes italiennes
1 lb (500 gr) de cerises bing

Stériliser trois pots moyens. Déposer le sucre, l'eau, le vinaigre et le gingembre dans une marmite. Ajouter les bâtons de cannelle. Porter à ébullition et laisser mijoter une dizaine de minutes, à feu moyen. Ajouter les fruits et faire mijoter à peu près 5 minutes. Déposer les fruits dans les pots, couvrir de sirop et sceller. Entreposer dans un endroit sec et frais, 3 jours, avant de servir. Servir avec des viandes ou du gibier. (3 pots moyens)

Les ramequins au chocolat et aux mandarines

16 sections de mandarines en conserve
¼ tasse (50 ml) de Grand Marnier
6 carrés de chocolat semi-sucré
24 moules à muffins en papier
¾ tasse (175 ml) de sorbet à l'orange

Égoutter les mandarines et les mettre à tremper dans le Grand Marnier. Faire fondre le chocolat au bain-marie. Utiliser les moules à muffins en épaisseur de 3, pour plus de solidité. À l'aide d'une spatule, recouvrir de chocolat fondu le fond et les côtés de 8 moules. Mettre au congélateur 15 minutes; puis au réfrigérateur, au moins 2 heures.

Peu de temps avant de servir, démouler en déchirant délicatement le papier. Déposer 2 sections de mandarines dans chaque ramequin, puis du sorbet à l'orange. Arroser de Grand Marnier et servir immédiatement. (8 portions)

La cuisine des

Poissons

gourmande, facile, délicate

20 février - 20 mars

Les Poissons

Que de mystère, de douceur et de pudeur chez le natif des Poissons! Si le personnage n'est pas très typé, les yeux sont presque toujours très grands, le regard beau et mystérieux, pas forcément rêveur mais souvent lointain. La peau est fine, très douce, un peu fragile; la chevelure très soyeuse. Oui, il y a quelque chose de flou et de glissant dans la démarche.

Dernier-né du zodiaque, le natif des Poissons serait porteur des qualités comme des défauts des autres signes. Peut-être en est-il finalement plutôt le témoin, parce que celui-là ne juge pas les autres au mérite, qu'ils soient humains lui suffit amplement. Peut-on être trop bon, trop généreux, trop disponible, se dévouer jusqu'à l'oubli de soi? Quand on est du signe des Poissons, oui. Il ne sait pas toujours qu'assez c'est déjà trop.

Ne lui reprochez surtout pas son sens de l'humour qui tourne parfois au cynisme, c'est peut-être le seul moyen qu'il a trouvé de dire «non» sans avoir à le dire. Et s'il donne parfois l'impression de prendre la fuite tout en y étant toujours, il a peut-être aussi mal que vous. Je sais, il est parfois là sans y être; étrange capacité de recul. Et il lui arrive aussi d'être franchement absent; il sait habiter, ne serait-ce que quelques instants, des univers auxquels lui seul a accès. Les colore-t-il? On le prétend. J'en suis sûre, il a assez d'imagination pour colorer le nôtre, s'il le veut bien.

On dit de lui qu'il est désorganisé, dépensier et que l'argent lui file entre les doigts. Il semble fuir le quotidien dans ce qu'il a de prévisible, c'est vrai. On ne l'accuserait sûrement pas d'être âpre au gain et s'il a parfois des difficultés à rencontrer ses fins de mois, c'est peut-être qu'il a été trop généreux en cours de route.

On lui reproche de s'impatienter et d'élever la voix; le natif des Poissons s'épuise peut-être à être tant sollicité de toutes parts. Vous le savez bien, ses impatiences sont de courte durée. Très émotif et très sensible, celui-là perçoit plus qu'il n'apprend et ne raisonne et s'il est souvent l'objet des conseils bien intentionnés de son entourage, c'est qu'il ne suit pas facilement les sentiers battus et qu'il a besoin de temps pour vérifier ses intuitions. Avouons aussi qu'il ne déteste pas être insaisissable ou se croire tel!

Le natif des Poissons a parfois l'impression qu'il est éternel et il nous en voudra sans doute de lui faire remarquer qu'il a tendance à moins bien prendre soin de lui que des autres. Il mesure mal ses énergies. Ses points sensibles sont les pieds surtout, les jambes, la colonne vertébrale, les voies respiratoires, le foie, l'intestin et la peau.

Il sait si bien rire pour ne pas pleurer et aussi pour dérouter...

Le Poissons et la cuisine dans sa vie quotidienne

Je sais, deux poissons reliés par un cordon presque ombilical, se tirant l'un l'autre dans des directions souvent opposées. Se sent-il entraîné, tiré, poussé; il ne nous le dirait sans doute pas. Tout le touche, le chavire et il ne le dit que bien peu.

On raconte partout que le natif des Poissons est en relation toute spéciale avec tout ce qui est liquide et, à entendre de bien savants personnages, il y aurait pour lui un écueil sérieux en ce qui touche l'alcoolisme et ce qu'il est convenu d'appeler les paradis artificiels. J'attends patiemment qu'on me montre des chiffres et des résultats d'enquêtes; je connais au moins autant de Poissons abstèmes que de bons vivants. Je tenais à le dire.

On parle rarement de sa relation avec l'eau et de la place de celle-ci dans sa vie quotidienne. Je ne vous raconterai tout de même pas qu'il lave le steak! Reste qu'on nous raconte qu'il aurait tendance à vivre dans le désordre; je crois plutôt qu'il possède un sens de l'ordre qu'il est parfois le seul à pouvoir apprécier. Chose certaine, il s'y retrouve. Souvent allergique à la poussière, le Poissons est d'une propreté immaculée. Avez-vous seulement remarqué combien de fois par semaine il fait la lessive; c'est à les laver qu'il use ses vêtements et sa literie. Je l'entends protester, j'entends aussi sa laveuse quand je viens le voir...

Le natif des Poissons a besoin de confort, de calme et de douceur chez lui; il a surtout besoin de repos. S'il dort profondément en règle générale, il a le réveil très lent. Il met du temps à se réveiller, à se mettre en train, comme s'il se mettait «en état de grâce». Il mange le matin, il a cette sagesse.

Il fuit le quotidien dans ce qu'il a de répétitif et, laissé à lui-même, il se préparera une cuisine simple, rapide, ou mangera au restaurant, ou en faisant autre chose. Qui partage son quotidien n'ignore pas qu'on ne sait pas toujours à quoi s'attendre avec lui et que s'il a besoin de moments de silence et de recueillement, il ne les sert pas au moment du repas.

Celui-là est gourmand et curieux et il préfère une cuisine variée et même fantaisiste. Il adore les belles présentations et se donne le temps de bien faire la cuisine. Il préfère par-dessus tout manger avec quelqu'un. C'est peut-être alors que, tout doucement et presque sans qu'il y paraisse, il choisit entre ses chimères et ses rêves. C'est peut-être dans son intimité qu'il découvre qu'il est plus sage qu'il ne le croyait, surtout si on l'encourage à se reposer un peu. On exige tant de lui ailleurs, et il sait si peu dire non...

Le Poissons et la cuisine dans sa vie sociale

Je le soupçonne d'avoir autant de sagesse que de pudeur; il a une méfiance peu ordinaire des lieux communs. Les expressions faciles, consacrées ne lui permettent pas de dire ce qu'il ressent ou pressent; le Poissons se tait ou fait une blague.

Il aime bien aller manger au restaurant, c'est une distraction dont il a besoin. Il préfère les cuisines exotiques, les ambiances plutôt calmes, plaisantes, reposantes. Soyez de bonne compagnie! Il aurait tant besoin d'entendre parler plus souvent d'autre chose que de nos problèmes. C'est qu'il écoute si bien et qu'à lui on peut tout dire sans se sentir jugé. Peut-être faut-il savoir parfois faire en sorte qu'il se repose un peu et qu'il parle à son tour. Il nous dirait peut-être alors combien il s'épuise à certains exercices dits de communication...

Si le Poissons n'est pas mondain, il arrive quand même à être grégaire et sa timidité ne l'empêche pas d'être un invité charmant, bien au contraire. Il ne s'impose pas au premier abord; il est là, tout simplement. Très sensible à l'atmosphère autour de votre table, tout le touche et l'atteint. Il s'entendra bien avec tous vos invités; c'est une question de ton et de fréquence. Non, il ne prendra pas toute la place; mais la sienne, oui. Il ne faut pas exagérer la timidité du Poissons en société.

La conversation s'anime, quelqu'un s'emporte ou décide de parler de famine ou d'horreur. Le Poissons continuera à sourire distraitement en refusant d'admettre l'horreur et le mauvais goût, ou il sera d'un cynisme dangereux. Non, il ne sera pas agressif; son humour lui sert à désamorcer les situations inconfortables. C'est souvent sa seule arme, elle est de taille!

Il mangera probablement avec entrain et de tout. Il appréciera tout et il le dira, plat par plat. Voyez comme il est sensible aux présentations! Il aime beaucoup faire la fête et il veut bien qu'elle dure. S'il décide de vous aider à faire le service, c'est, bien sûr, qu'il est gentil, c'est aussi parce qu'il a besoin de bouger et qu'il ne supporte pas de rester en place très longtemps. Il a besoin de se rendre utile; ne l'en privez pas.

Vous avez remarqué comme il n'aime pas beaucoup qu'on le questionne? Celui-là se livre à son heure et pas avant. J'en connais même un qui refuse carrément de dire aux gens où il est né; il s'amuse tant de ses petits mystères que j'encourage presque les gens à lui poser des questions.

C'est parce que je le connais depuis longtemps que je sais de quelle compréhension et de quelle indulgence il est capable, et c'est quand nous rions trop que je sais qu'il avait besoin de se reposer un peu.

Quand le Poissons reçoit

Le Poissons est attiré par tout ce qui est beauté, douceur, confort. Son intérieur est décontracté et peut-être même un peu fantaisiste. Celui-là a besoin d'espace et d'ouverture et supporterait mal de vivre quelque part où n'entrerait pas la lumière et un peu du ciel. S'il ne surcharge pas son décor, il préfère s'entourer de beaux objets, souvent uniques.

On frappe beaucoup à la porte et il répond toujours. Un Poissons qui n'est pas disponible, c'est un Poissons mal en forme. Qualité d'écoute ou excès de tolérance; on abuse souvent de lui.

Il reçoit très bien et serait plus décontracté s'il s'inquiétait moins. Il a toujours un peu peur de ne pas avoir fait ce qu'il faut ou d'avoir oublié quelque chose. Et justement, il risque d'oublier un petit détail dont personne ne s'apercevra d'ailleurs et qui le hantera probablement tout au long du repas.

Il fait magnifiquement bien la cuisine quand il reçoit, sa table est un chef-d'oeuvre de bon goût et de subtilité, les présentations soignées à un point tel qu'on hésite presque à s'attaquer à un plat. L'harmonie et l'élégance de sa table! Pourtant, il s'inquiétera. La soupe est-elle assez chaude, l'assaisonnement est-il juste; il s'inquiète et probablement tout haut. Rassurez-le; il le mérite bien. Non, ce n'est pas une façon détournée de chercher vos compliments, il s'inquiète vraiment.

Il réunit, sans le faire exprès, des gens fascinants et souvent des gens qui ne feraient jamais connaissance ailleurs que chez lui. Ils sauront tous rire, je vous le promets. Le Poissons ne mérite pas la réputation qu'on lui fait d'être désorganisé; il fait les choses à sa manière, c'est vrai. J'en suis sûre, personne ne réussirait à faire ce qu'il fait comme il le fait. Écoutez-le quand il parle de son travail; lui seul sait aller chercher les collaborations ainsi.

Ne vous surprenez pas si on vient frapper à sa porte pendant que vous êtes là. Il a probablement inventé la place de l'étranger et du survenant à table. Mal pris, on vient à lui. Quand on dit des gens qu'ils donneraient leur chemise, le Poissons le fait et la prête volontiers aussi. C'est peut-être lui qui a inventé les bazars et toutes les occasions où l'on donne sous prétexte de faire la fête.

Et si personne ne vient frapper à sa porte pendant que vous y êtes, profitez-en pour le distraire et le reposer. Il a tendance à se laisser toucher de trop près par la misère des autres et à le cacher. Et s'il fuit parfois dans ses mondes secrets et qu'il décide de voir la vie en rose et les autres plus beaux qu'ils ne le sont, il a peut-être besoin de vous...

Le Poissons et la cuisine de conquête

Les pouvoirs d'envoûtement du Poissons! Je sais, tout se passe d'abord dans le regard. Il n'a pourtant pas des manières de conquérant; on a plutôt l'impression de le choisir. C'est d'ailleurs ce qu'on lui dit souvent et il ne déteste pas.

Il faut savoir le deviner; ma foi, le séduire. Il y a, comme ça, des êtres qui ont besoin d'un peu d'encouragement, même discret. Laissé à lui-même, il serait capable de se contenter de savoir que vous l'intéressez. Allons, encouragez-le un peu, il n'ose peut-être pas s'imposer...

Enfin l'invitation! Je sais, probablement quelques petits rendez-vous manqués d'abord. Que voulez-vous, il n'aime pas toujours prendre des engagements fermes, celui-là. Espérons que vous n'aurez pas à vous présenter à l'improviste; personnellement, j'hésiterais à le faire. Mes pudeurs n'ont peut-être rien à voir avec les vôtres...

Vous êtes enfin chez lui. Oui, il y aura des fleurs; il en connaît tous les secrets et tous les langages. Vous le dira-t-il? Bien sûr, de la musique très douce. Vous prendrez peut-être l'apéritif sur le balcon, il adore le clair de lune. Il vous aura préparé une cuisine toute simple et vous le prendrez pour un magicien.

Il a ce don de créer autour de lui des atmosphères de rêve et de magie; le flou, la nuance. Le repas qu'on prend très longtemps, très doucement. C'est le l'apprivoisement. Une table généreuse mais légère, harmonieuse. Le Poisson devine vos moindres désirs, il est très attentif. Oui, ce soir surtout il s'inquiète et s'en voudrait d'avoir oublié quelque chose. Rassurez-le; il s'est tant préparé à vous recevoir, il n'aura rien oublié.

Il accorde plus d'importance que d'autres à ce rituel de l'apprivoisement et si le tête-à-tête lui réussit si bien, c'est qu'il devine et pressent tout ce que vous ne lui dites pas encore. Oui, il rêve et il invente; il vous fera sourire et rire, j'en suis sûre. Il parlera peut-être davantage si vous ne le questionnez pas trop; il ne déteste pas mystifier par plaisir.

Il tient parfois le discours de Casanova et, à l'entendre, la «chose» n'aurait plus de secrets pour lui. Il parle aussi d'amour, de rêve impossible, de communication privilégiée et totale. Il parle finalement beaucoup! Oui, il en rêve. Il y a peut-être plus d'espoir et de tristesse dans ses univers secrets qu'il ne le sait lui-même.

Vous le savez bien, il n'aura pas fait que parler; rassurez-vous, je ne vais pas raconter tous vos secrets. On parle beaucoup d'abandon total, de générosité et même de communion. Ce ne sont pas là qu'échanges de politesses et de bons procédés...

Les plantes et les végétaux du Poissons

Cannelier, immortelle, géranium, sainfoin, fougère et toutes les plantes aquatiques, aunée, angusture, anis, bourrache, tussilage, poirier, pavot, chanvre indien, violette, rose, bruyère, pin, menthe, iris, réséda.

Sa plante-talisman est la mélisse dont on dit qu'elle a des effets euphorisants et tranquillisants.

Le Poissons a besoin d'iode qui active la glande thyroïde. Sont riches en iode : les fruits de mer, les huîtres, les oursins et tout ce qui est à base d'algues, le cresson, le chou, l'ail, l'oignon et le raisin.

Le Poissons a aussi besoin de phosphore qui aide au bon fonctionnement des cellules nerveuses. Sont riches en phosphore : le blé, l'ail, le céleri, les raisins secs, les oignons, les lentilles et les poissons, et surtout les produits laitiers, les tomates, les abricots, les pommes et les céréales.

Le Poissons a enfin besoin de soufre qui serait un anti-infectieux intestinal en plus d'aider à la formation des tissus et à la synthèse des collagènes. Sont riches en soufre : le son, le fromage, les oeufs, les noix, le germe de blé, les palourdes, les poissons, le cresson, le chou, les oignons, les figues, les agrumes et les abricots.

On lui conseille les bains de pieds dans des décoctions de sauge additionnée de gros sel.

Et, bien sûr, la natation et le repos au bord de l'eau.

Les recettes des

Poissons

La soupe aux tomates et à l'aneth
Les ailes de poulet grillées
Le steak au beurre d'anchois
Les côtelettes de veau au vin blanc
L'omelette 24 heures
Les pâtes aux quatre fromages
Le choux de Bruxelle en sauce
Les oignons aux fines herbes
La salade au crabe
Les bananes au rhum
Les biscuits à l'orange
La meringue à la crème glacée et aux figues

La soupe aux tomates et à l'aneth

2 c. à soupe (25 ml) de beurre
½ tasse (125 ml) d'oignons, hachés
1 gousse d'ail, hachée
2 c. à soupe (25 ml) de farine
3 tasses (750 ml) de bouillon de poulet
10 tomates, pelées, vidées et hachées grossièrement
1 c. à thé (5 ml) de sucre
½ c. à thé de sel (2 ml)
¼ tasse (50 ml) de crème à fouetter
1 c. à soupe (15 ml) d'aneth, haché
poivre, frais moulu

Faire fondre le beurre dans une marmite. Faire sauter l'oignon et l'ail à feu moyen, à peu près 3 minutes. Ajouter la farine et cuire en remuant sans arrêt, à peu près 1 minute. Ajouter le bouillon et porter à ébullition en remuant de temps à autre. Ajouter les tomates, le sucre et le sel. Porter au point d'ébullition, couvrir, réduire la chaleur et laisser mijoter 20 minutes. Retirer du feu et passer au mélangeur; verser la soupe dans la marmite, ajouter la crème et l'aneth. Réchauffer sans porter au point d'ébullition. Poivrer, ajuster les assaisonnements. Servir dans des bols chauds.
(4 à 6 portions)

Les ailes de poulet grillées

2 lb (1 k) d'ailes de poulet
3 c. à soupe (50 ml) de sauce soya
3 c. à soupe (50 ml) de sherry
2 c. à soupe (25 ml) d'huile végétale
½ c. à thé (2 ml) de paprika
½ c. à thé (2 ml) de sauce au poivre fort
1 c. à thé (5 ml) de persil haché

Couper le bout des ailes; vous les utiliserez pour faire du bouillon. Couper les ailes en deux à la jointure. Mélanger tous les autres ingrédients et les verser sur les ailes; utiliser un contenant non métallique. Bien mélanger pour enrober. Réfrigérer au moins 12 heures en remuant de temps à autre. Cuire au gril, à peu près 14 minutes, en retournant une fois et en brossant souvent de marinade.

Servir chaud ou froid.

(6 portions)

Le steak au beurre d'anchois

¼ tasse (50 ml) d'anchois en conserve
4 c. à soupe (60 ml) de beurre, à la température de la pièce
2 c. à soupe (25 ml) de persil, haché
1 c. à soupe (15 ml) de moutarde de Dijon
2 c. à thé (10 ml) de jus de citron
½ c. à thé (2 ml) de sucre
½ c. à thé (2 ml) de poivre, frais moulu
1 tranche de haut de ronde très épaisse, à peu près 2 lb (1 k)

Écraser les filets d'anchois à la fourchette et incorporer le beurre, le persil, la moutarde, le jus de citron, le sucre et le poivre.

Griller le steak au degré de cuisson désiré, de préférence au charbon de bois. Étendre le beurre d'anchois sur le steak et découper en portions.

(8 portions)

Les côtelettes de veau au vin blanc

4 côtelettes de veau
¾ tasse (175 ml) d'oignons hachés
1 c. à soupe (15 ml) d'estragon écrasé
1 c. à soupe (15 ml) de persil haché
1 c. à thé (5 ml) de poivre, frais moulu
⅔ tasse (165 ml) de vin blanc sec
1 c. à soupe de beurre

Chauffer le four à 375° F (190° C).

Graisser une casserole. Déposer les oignons dans le fond de la casserole. Saupoudrer la moitié de l'estragon, du persil et du poivre. Ajouter les côtelettes. Saupoudrer du reste de l'estragon, du persil et du poivre. Disposer des noix de beurre sur les côtelettes et ajouter le vin. Cuire au four, à découvert, à 375° F (190° C), 30 minutes; puis au gril, 5 minutes. Servir, arrosé du jus de cuisson et garni de persil.

(4 portions)

L'omelette 24 heures

6 tranches de pain rassis, coupées en cubes
3 c. à soupe (50 ml) de beurre fondu
¾ tasse (175 ml) de fromage gruyère, râpé
¼ tasse (50 ml) de fromage cheddar blanc, râpé
4 tranches de salami, hachées grossièrement
8 oeufs
1 ¾ tasse (425 ml) de lait
¼ tasse (50 ml) de vin blanc sec
2 gros oignons verts, hachés
1 c. à thé (5 ml) de moutarde de Dijon
¼ c. à thé (1 ml) de poivre, frais moulu
quelques gouttes de sauce au poivre fort
¾ tasse (175 ml) de crème sure
⅓ tasse (75 ml) de fromage parmesan, frais râpé

Beurrer une grande casserole peu profonde. Déposer le pain rassis sur le fond et arroser de beurre fondu. Saupoudrer de fromage gruyère, de fromage cheddar et de salami. Battre les oeufs, le lait, le vin, les oignons verts, la moutarde, le poivre et la sauce au poivre fort. Verser sur le fromage et le salami. Couvrir d'un papier aluminium et réfrigérer, 24 heures.

Chauffer le four à 325° F (160° C).

Retirer l'omelette du réfrigérateur et laisser reposer à la température de la pièce, au moins 20 minutes, avant de cuire. Cuire au four, à 325 ° F (190° C), couvert, 1 heure. Découvrir, étendre la crème sure sur l'omelette et saupoudrer du reste du fromage. Cuire, à découvert, encore 15 minutes.

(6 à 8 portions)

Les pâtes aux quatre fromages

½ tasse (125 ml) de beurre
1 tasse (250 ml) de fromage Bel Paese, coupé en cubes
¾ tasse (175 ml) de fromage Gorgonzola, en morceaux grossiers
1 tasse (250 ml) de fromage Fontina, coupé en petits cubes
⅔ tasse (165 ml) de fromage Asiago ou parmesan, frais râpé
1 tasse (250 ml) de crème à fouetter
1 c. à thé (5 ml) de poivre, frais moulu
1 lb (500 gr) de pâtes aux oeufs ou aux épinards

Faire fondre le beurre à feu doux; ajouter le Bel Paese, le Gorgonzola et le Fontina et cuire en remuant sans arrêt, jusqu'à ce que le fromage soit fondu. Ajouter la crème, le poivre et le fromage parmesan ou Asiago; bien mélanger.

Faire cuire les pâtes et les égoutter; verser la sauce sur les pâtes et bien mélanger. Servir dans des assiettes chaudes. (6 portions)

Les choux de Bruxelles en sauce

4 tasses (1 l) de choux de Bruxelles
½ tasse (125 ml) d'oignons, hachés
2 c. à soupe (25 ml) de beurre
1 c. à soupe (15 ml) de farine
1 c. à soupe (15 ml) de cassonade
1 c. à thé (5 ml) de sel
1 c. à thé (5 ml) de moutarde sèche
½ tasse (125 ml) de lait
1 tasse (250 ml) de crème sure
1 c. à soupe (15 ml) de persil, haché

Nettoyer et laver les choux de Bruxelles; les cuire à l'eau salée, 10 minutes. Égoutter. Faire fondre le beurre dans une marmite et y faire sauter l'oignon pour le ramollir. Ajouter la farine, la cassonade, le sel et la moutarde sèche; bien mélanger. Ajouter le lait et cuire en brassant sans arrêt, jusqu'à ce que le mélange épaississe. Réduire la chaleur, ajouter la crème sure et le persil; mélanger. Ajouter les choux de bruxelles et bien mélanger. Réchauffer, ne pas porter à ébullition. (6 à 8 portions)

Les oignons aux fines herbes

3 c. à soupe (50 ml) de beurre
1 c. à soupe (15 ml) de cassonade
½ c. à thé (2 ml) de sel
½ c. à thé (2 ml) de poivre, frais moulu
2 gros oignons, coupés en tranches épaisses
3 c. à soupe (50 ml) de céleri, finement haché
1 c. à soupe (15 ml) de persil, haché
¼ c. à thé (1 ml) d'origan, écrasé
¼ c. à thé (1 ml) de marjolaine, écrasée
¼ c. à thé (1 ml) de thym, écrasé

Faire fondre le beurre dans un grand poêlon; ajouter la cassonade, le sel et le poivre. Déposer les tranches d'oignons en un seul rang, couvrir et cuire à feu doux, 10 minutes. Tourner les tranches d'oignons, saupoudrer de céleri, de persil, d'origan, de marjolaine et de thym. Cuire à découvert, 10 minutes.

(4 à 6 portions)

La salade au crabe

1 lb (500 gr) de chair de crabe, égouttée et débarrassée de ses cartilages
1 tasse (250 ml) de carottes, râpées
3 c. à soupe (50 ml) de persil, haché
3 c. à soupe (50 ml) de vin blanc
1 c. à thé (5 ml) de poivre, frais moulu
2 c. à thé (10 ml) de zeste de citron, râpé
4 gousses d'ail, hachées
½ tasse (125 ml) de yogourt nature
feuilles de laitue

Mélanger la chair de crabe, les carottes, le persil, le vin blanc, le poivre, le zeste de citron, l'ail et le yogourt dans un bol. Couvrir et réfrigérer au moins 4 heures. Servir sur des feuilles de laitue.

(4 portions)

Les bananes au rhum

3 c. à soupe (50 ml) de beurre
4 bananes fermes, pelées
3 c. à soupe (50 ml) de jus de citron
3 c. à soupe (50 ml) de rhum
3 c. à soupe (50 ml) de cassonade
1 pincée de sel

Couper les bananes en deux dans le sens de la longueur. Faire fondre le beurre dans un poêlon, à feu doux. Ajouter les bananes, côté coupé sur le fond. Arroser de jus de citron et de rhum. Saupoudrer de cassonade, saler. Couvrir et cuire, 10 minutes, en retournant 1 fois. (6 à 8 portions)

Les biscuits à l'orange

¾ tasse (175 ml) de graisse végétale
4 c. à soupe (60 ml) de beurre
1 ½ tasse (375 ml) de cassonade
2 oeufs
1 tasse (250 ml) de lait sur
3 c. à soupe (50 ml) de zeste d'orange, râpé
¼ tasse (50 ml) de jus d'orange
1 c. à thé (5 ml) de vanille
3 ½ tasse (875 ml) de farine, tamisée
2 c. à thé (10 ml) de poudre à pâte
1 c. à thé (5 ml) de soda à pâte
¼ c. à thé (1 ml) de sel
1 tasse (250 ml) de noix de pacanes, hachées
moitiés de noix de pacanes

Chauffer le four à 350° F (175° C).

Battre en crème légère la graisse végétale, le beurre, la cassonade et les oeufs. Incorporer le lait sur, le jus et le zeste d'orange, et la vanille. Tamiser ensemble la farine, la poudre à pâte, le soda à pâte et le sel; incorporer au premier mélange. Ajouter les noix et bien mélanger. Déposer, par cuillerées à thé (5 ml), sur une tôle à biscuits graissée et déposer une moitié de noix de pacane sur le dessus de chaque biscuit. Cuire au four, à 350° F (175° C), à peu près 15 minutes.

(À peu près 8 douzaines)

La meringue à la crème glacée et aux figues

½ tasse (125 ml) de rhum blanc
½ tasse (125 ml) de rhum brun
3 tasses (750 ml) de crème glacée à la vanille
2 tasses (500 ml) de figues en conserve, coupées en deux

4 blancs d'oeufs
½ c. à thé (2 ml) de crème de tartre
1 tasse (250 ml) de sucre
1 c. à thé (5 ml) de vanille
chocolat semi-sucré, râpé

Incorporer la moitié du rhum à la crème glacée; congeler. Verser le reste du rhum sur les figues et réfrigérer plusieurs heures.

Ajouter la crème de tartre aux blancs d'oeufs et battre en neige. Ajouter le sucre, une cuillerée à la fois, et battre après chaque addition. Ajouter la vanille et battre encore 1 minute. Graisser un papier brun et le déposer sur une tôle à biscuits.

Chauffer le four à 250° F (120° C).

Tracer un cercle sur le papier en utilisant un moule à gâteau rond comme guide. Étendre une partie de la meringue à l'intérieur du cercle. Introduire le reste de la meringue dans un sac à pâtisserie muni d'une douille ronde. Monter les bords du cercle à la douille pour faire une coquille. Cuire au four, à 250° F (120° C), 30 minutes. Éteindre le feu et laisser sécher la meringue dans le four éteint, 4 heures. Au moment de servir, déposer la coquille sur un plat de service. Déposer la crème glacée au centre de la coquille et l'entourer de figues. Verser le rhum sur la crème glacée et garnir de chocolat semi-sucré, râpé.

(6 à 8 portions)

INDEX

SOUPES

Bisque aux champignons et aux poireaux 115
Crème d'arachides 149
Crème de carottes aux petits pois 65
Crème de champignons 34
Crème de laitue 99
Potage au cresson 49
Soupe au champagne et aux fruits 131
Soupe aux lentilles 183
Soupe minestrone 81
Soupe aux poissons 165
Soupe aux pommes 15
Soupe aux tomates et à l'aneth 199

ENTRÉES

Ailes de poulet grillées 199
Asperges maltaises 100
Avocats au concombre et au poulet 65
Baba ganoush 183
Bâtons au fromage 33
Champignons à la russe 131
Cuisses de grenouille à l'espagnole 67
Endives au fromage bleu 49
Escargots au beurre 66
Fleurs de zucchini frites 15
Fromage à la crème 115
Huîtres au four 50
Oeufs farcis au cresson 82
Pain italien au fromage 35
Pétoncles marinés et frits à la russe 33
Rissoles de Saint-Flour 166
Séviche aux crevettes 184
Tarte aux oignons et au fromage 149

POISSONS ET FRUITS DE MER

Curry aux crevettes et aux pétoncles 68
Filets de sole au gingembre frais 18
Filets de sole à la mousse au saumon 117
Morue à la portugaise 150
Moules à la nage 83
Pétoncles à la sauce moutarde 84
Saumon aux fruits 51
Saumon poché à la crème d'avocat 101
Truite farcie aux épinards 167
Truite aux raisins verts 7

VIANDES

Boeuf au paprika 70
Côtelettes d'agneau grillées 19
Côtelettes de porc farcies aux noix et au fromage 118
Côtelettes de porc des Flandres 134
Côtelettes de veau au vin blanc 200
Filet mignon au poivre vert 36
Fricassée de veau au citron 51

Grenadins de veau au calvados **100**
Jambon à l'orange **154**
Lapin à l'estragon **169**
Longe de porc, sauce aux fruits **84**
Paupiettes de boeuf à la purée de cresson **20**
Porc au vin rouge **155**
Steak au beurre d'anchois **200**
Steak au gingembre **186**
Surlonge marinée **150**
Veau aux châtaignes d'eau **132**
Veau à la sauce aux pacanes **151**

VOLAILLES
Brochettes de foies de poulet **167**
Cailles au vin blanc **152**
Canard aux dattes et aux noix de cajous **21**
Canard aux pêches et au brandy **133**
Oie farcie aux pruneaux **152**
Poulet au citron **85**
Poulet croustillant aux graines de sésame **36**
Poulet à la normande **168**
Poulet au romarin **186**
Poulet à la sicilienne **135**
Poulettes à la bière **69**
Poulettes farcies **116**

OEUFS
Oeufs brouillés au crabe **53**
Omelette 24 heures **201**

PÂTES
Fettucine au pesto **35**
Lenguine à la muscade et au poivre **16**
Lenguine du pêcheur **120**
Pâtes à la grecque **135**
Pâtes aux légumes **169**
Pâtes aux noisettes **187**
Pâtes aux quatre fromages **202**
Sauce aux crevettes et au fromage feta **50**
Spaghetti aux asperges **86**

LÉGUMES
Aubergines farcies à l'ail **38**
Brochettes de légumes frites **118**
Carottes sautées à l'abricot **39**
Chou braisé au vermouth et aux pacanes **71**
Chou à l'orientale **105**
Choux de Bruxelles en sauce **202**
Croquettes de pommes de terre **54**
Haricots verts au sherry **137**
Oignons aux fines herbes **203**
Oignons verts au beurre **170**
Poireaux marinés **105**
Pommes de terre à l'ail **17**
Pomme de terre à l'oignon et au basilic **87**
Riz aux noix de cajous **119**

207

Romaine à la chinoise **188**
Tomates à l'italienne **188**

SALADES
Concombres à la crème sure **121**
Pommes de terre râpées à la crème sure **156**
Salade d'avocats et de melon **138**
Salade de boeuf à l'orientale **137**
Salade aux capucines **104**
Salade de chou aux kiwis **121**
Salade au crabe **203**
Salade au cresson **189**
Salade à la dinde, aux amandes et au gingembre **103**
Salade aux épinards **39**
Salade grecque **22**
Salade aux lentilles et aux tomates **54**
Salade libanaise **171**
Salade de printemps, vinaigrette à la camomille **103**
Salade de zucchini **88**

EN UN PLAT
Pizza à la niçoise **37**
Quiche aux carottes, au chou-fleur et au fromage **102**
Quiche au poireau et au fromage **68**
Tarte au fromage blanc **52**
Tempura **185**

DESSERTS
Bananes au rhum **204**
Beignets aux pommes **71**
Biscuits à l'orange **204**
Florentines **138**
Fraises au Grand Marnier **156**
Gâteau à la cannelle **24**
Gâteau aux pommes et aux noix **40**
Melon au vin sucré **106**
Meringue à la crème glacée et aux figues **205**
Muffins à la coriandre et aux dattes **173**
Muffins à la crème sure et à l'orange **72**
Oranges à l'Amaretto et au fromage blanc **88**
Poires à la cardamome **56**
Pain aux dattes et au marsala **89**
Pommes au four **56**
Pots de crème à la mode de Turin **106**
Ramequins au chocolat et aux mandarines **190**
Roulés au brandy **23**
Tarte aux poires **172**
Yogourt aux fraises **122**

CONSERVES
Conserves aux pruneaux et aux noix **122**
Fruits dans le vinaigre **189**
Marmelade aux canneberges **171**
Olives marinées **82**
Prunes à l'armagnac **139**